인격신앙훈련 1권

예수님을 본받는 그리스도인

심수명 지음

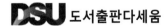도서출판다세움

목 차

나는 모태 신앙인으로 어릴 때부터 하나님에 대해 배웠으며, 알고 있었다. 그러나 경제적으로 궁핍했던 어린 시절과 부모님과의 관계에서 정서적, 관계적으로 어려움을 겪으면서 신앙에 회의를 느끼게 되었다. 그 후 사춘기를 겪고 청년이 되면서 하나님을 떠나게 되었다.

이런 내가 1980년 봄에 개인적으로 하나님을 만나는 경험을 한 것은 기적 중의 기적이다. 그때의 감격과 기쁨은 말로 다 설명할 수 없을 만큼 놀랍고 경이로웠다. 하나님이 나의 마음에 임재하심을 느끼는 영적 충족감은 말할 수 없는 행복, 세상이 내 손 안에 굴복되는 것 같은 놀라운 자신감과 능력, 세상을 꿰뚫어 볼 수 있는 지혜를 갖게 해 주었다.

이후 나는 하나님 앞에서 영적으로 살기 위해 몸부림쳤다. 금식 기도, 성경 읽기, 전도, 교회 봉사뿐 아니라, 하나님과 더 가까워지기 위해 온갖 노력을 다 하였다. 이러한 노력은 나에게 영적인 만족감을 주었다. 그러나 이런 만족감은 시간이 지나 사그라졌고 다시금 영적인 공허함을 느끼게 되었다.

왜 이런 일이 생기는 것일까? 그 이유를 오랜 방황 끝에 알았다. 그것은 하나님과의 영적 만남은 있었으나 하나님과 인격적으로 관계하며 교제하는 법을 몰랐기 때문이었다.

하나님은 우주 만물의 창조주이며 나를 사랑하신다. 그래서 나를 위해 자신의 아들을 죽이시기까지 사랑하시는 하나님이시다. 나는 그런 하나님을 믿고 사랑하지만 하나님을 매순간 가까이 느끼거나 관계하며 살지는 못했다. 그래서 내가 하나님께 영적으로 열심히 집중할 때는 영적 충만을 경험하지만 그렇지 않을 때는 죄책감과 무력감, 깊은 허무와 공허함을 느끼곤 하였다. 이때 불안과 두려움,

고독감, 그리고 미래에 대해 염려가 일어나는 것이다.

대부분의 성도들이 나처럼 이러한 삶을 살고 있었을 것이다. 그렇다면 어떻게 해야 하나님과 인격적으로 교제하며 살아갈 수 있을까? 인격적인 관계가 무엇인지 이해하기 위해서는 성경에 근거한 인간 이해를 기반으로 해야 한다. 인간은 하나님의 형상대로 창조되었고 하나님과의 관계 안에서 살도록 지음받았다. 따라서 인간이라면 누구나 진정한 관계를 맺고 싶은 욕구가 있는데 그 근원은 삼위일체 하나님의 관계에서 비롯되었다.

삼위일체 하나님의 인격적 특성은 다음과 같다.

첫째, 삼위일체 하나님은 사랑으로 하나되신다. 삼위일체 하나님은 각기 홀로 사역 하시는 것이 아니라 온전히 하나되시고, 함께 사랑으로 교제하고 일하시면서 기쁨과 행복을 누리신다.

둘째, 인격적으로 관계하신다. 삼위일체 하나님은 각기 자존하시며 완전한 존재시지만 온전하고 신비로운 연합의 존재로 인격적 관계를 나누신다.

셋째, 자신을 아낌없이 내어주신다. 삼위일체 하나님은 자신을 아낌없이 주는 순수한 사랑의 관계를 통하여 하나됨을 이루어 가신다.

넷째, 친밀하고 평등하시다. 친밀함은 서로에 대한 용납과 자유, 인격적 존중과 평등성에 근거하고 있다. 삼위일체 하나님의 자유와 힘은 서로를 억압하기 위한 것이 아니고, 그분들은 친밀한 관계를 하면서도 동시에 동등하고 평등한 관계이다.

다섯째, 질서에 있어 성자와 성령은 성부께 온전히 순종하신다. 성자 하나님은 자신의 뜻을 주장하지 않으시고 온전히 성부 하나님의 뜻에 순종하시며, 또한 성령 하나님 역시 자신을 드러내지 않고 오직 성자를 증거하신다.

인간은 하나님으로부터 창조된 존재기 때문에 이러한 하나님의 인격적 특성은 우리 인간들의 인격성에 대한 근거가 되며, 인격적 관계가 어떠해야 하는지에 대한 기준이 된다. 따라서 인간은 사랑으로 하나되고, 서로 인격적으로 교제하며 연합하기를 갈망하는 욕구가 있다. 뿐만 아니라 서로를 위해 자신을 순수하게 내어주고 싶은 마음을 가지고 있으며, 평등함 속에서 친밀하게 관계하고 싶은 열망이 있고, 온전히 순종하고자 하는 본성이 내재되어 있다.

그런데 타락으로 인해 이러한 특성이 아주 희미해졌다. 즉 하나님의 형상으로 창조되었지만 타락하여 하나님이 원래 의도한 인격적인 관계를 맺을 수 있는 능력을 상실하게 되었다. 타락의 결과 아담과 그의 후손인 우리는 인격적 관계의 능력을 상실한 채, 부패한 본성과 타락된 죄성을 가지고 이기적이며 자기중심적으로 비인격적인 삶을 살게 되었다. 이러한 비인격성은 우리 인간의 전인에 뿌리깊이 박혀 있다. 따라서 모든 사람은 그리스도 안에서 구원받아야만 온전한 인격적 관계를 할 수 있는 존재가 되었다.

하지만 구원을 받았다고 이 땅에서 인간의 전인이 온전히 회복되는 것이 아니다. 구원을 받으면 인간은 먼저 영적인 생명력을 얻어 하나님과 영적으로 관계할 수 있게 된다. 그리고 점차 전인적으로 하나님과의 관계가 회복되는 과정을 걸어가야 한다. 그리스도인은 예수 그리스도의 은혜로 의인이 되었지만 동시에 죄인이기에 계속 공사 중인 존재다. '이미'와 '아직' 사이에 서 있는 연약한 자들이다. 이미 하나님의 자녀가 되어 그분과 관계를 할 수 있는 존재가 되었지만 '아직' 죄의 본성이 전인격에 남아 있어 여전히 비인격적인 모습을 가지고 있는 것이다.

그러므로 거듭난 이후 하나님의 형상으로 온전히 회복되어야 하는 과정 중에서 최우선 과제는 예수님을 닮아가기 위해 힘쓰며, 이 과정에서 전인격, 즉 지성, 감정, 의지, 관계가 하나님의 인격적 특성으로 점차 변화되도록 해야 한다. 그러나 이 세상에서는 온전히 변화될 수 없음을 겸허히 인정하면서 이 과정을 가야 한다. 인격신앙훈련시리즈 4권은 전인(whole person)의 변화, 즉 영과 지성과 감정과 의지와 관계의 변화를 목표로 만들어졌다.

그 중에서 가장 중요한 것이 영의 변화이므로 무엇보다 훈련과정에서 하나님과의 영적인 만남이 이루어지도록 교재를 구성하였다. 그리고 말씀과 성령님의 은혜 안에서 나와 나의 만남, 나와 너와의 만남이 이루어지도록 하였다. 그리고 영적인 변화가 지성이 변하도록 이끄는데 지성의 변화를 위하여 저자는 개념에 대한 설명을 많이 하였다. 훈련생들은 매 과마다 나와 있는 내용을 자세히 (두 세번) 읽고 개념을 이해하는 질문에 스스로 답을 적어야 한다. 또한 성경 말씀을 통해 성경적 사고를 하도록 이끄는 질문에 대해서도 깊이 성찰하면서 답을 찾고 자신에게 적용하도록 해야 한다.

그리고 자신의 죄와 실수, 연약함에 대해 개방하는 질문들을 제시하였는데, 이때 죄와 연약함을 개방해도 비판하거나 충고하지 않도록 해야 한다. 즉 만남의 과정에서 어떤 경우에도 정죄하는 비인격적인 접근을 하지 말고 하나님의 형상으로서 존귀한 존재며, 사랑과 존중을 받아야 하는 존재라는 느낌을 갖도록 해야 한다. 인격신앙훈련에서는 죄를 짓고 실수가 있어도 서로를 존중하는 마음으로 세워줄 뿐 아니라 나이, 지위, 성, 체면 등 모든 것을 초월하여 하나님의 사랑으로 영혼과 영혼이 진실하게 만나도록 한다.

이러한 인격적 관계를 하기 위해서는 인간 대 인간의 만남 속에 하나님이 계셔야 한다. 이것은 하나님이 우리에게 베풀어주신 무조건적 사랑과 존중, 대속적인 따뜻함과 용서, 그리고 수용받는 경험을 이 모임 속에서 하도록 하는 것을 의미한다. 하나님과의 관계에서 인격적인 만남을 경험해야 하고 다른 사람과의 만남에서도 이것을 경험하도록 해야 한다.

이러한 목표에 따라 인격을 세우고, 신앙을 세우도록 하는 훈련과정이 바로 인격신앙훈련이다. 인격신앙훈련이 추구하는 것은 말씀으로 하나님을 만나고, 하나님의 은혜 안에서 진솔하게 자신의 죄인 된 모습을 고백하고 돌이키도록 하는 것이다. 인격신앙훈련은 성숙한 그리스도인이 되게 하는 훈련 과정이며, 이러한 훈련은 우리가 천국 가는 그 날까지 계속되어야 할 것이다. 성숙한 인격, 예수님을 닮아가는 인격을 형성하도록 돕기 위해 준비된 교재가 바로 인격신앙훈련 성경공부시리즈다. 이러한 훈련 과정을 평생 기쁘게 걸어가기를 소망하면서 이 공부를 시작해본다. 성령님께서 우리에게 은혜를 주실 것이다.

심수명 목사

1) 서문을 요약해보고 서문에 대한 배움과 각오가 무엇인지 나누어보자.

인도 방법 및 나눔 방법

인격신앙훈련의 최종 목표는 그리스도인들이 예수님의 모습을 철저히 본받아 살도록 하는 것이다. 이러한 목표에 도달하기 위해서는 예수님의 인격적 모습에 대해 연구하여 본받기 위해 애써야 한다. 동시에 아무런 방어나 저항 없이 자신의 죄성과 비인격적인 모습을 수용하며 나누는 과정 속에 우리 모두 죄인임을 인정해야 한다. 그리고 이러한 연약한 모습들을 매 모임마다 고백하며 겸손히 낮아지는 삶을 연습해야 한다. 그리고 이런 나를 사랑으로 받아주시는 주님을 생각하며 감사하며 사는 것이 인격신앙훈련이 추구하는 방향이다.

그러므로 인격신앙훈련에서는 자신의 죄와 이기심, 연약함을 고백하는 것을 가장 중요한 것으로 본다. 우리는 죄인이며 예수님만이 온전한 분이심을 인정한다. 그래서 먼저 성경공부를 인도하는 인도자가 하나님과의 깊은 인격적 경험으로 자신의 연약함을 고백하도록 한다.

그리고 멤버들도 매 과마다 본문 내용을 묵상하고 본문의 내용에 따라 제시된 문제들을 보며 성찰하는 마음으로 생각하고 정리해보는 수고를 해야 한다. 본문 내용과 성경 말씀을 묵상할 때 마다 하나님의 은혜의 말씀 앞에 자신의 연약함을 찾고 고백하도록 해야 한다. 변화를 이끌어내는 만남에는 진리이신 말씀을 통해 나 자신을 성찰하는 것이 무엇보다 중요하며, 하나님의 무조건적 사랑과 존중, 대속적인 따뜻함이 경험되어야 한다.

인도자는 멤버들에게 말씀으로 교육하고, 인격적 관계능력을 가지고 진실함과 따뜻함을 전달하면서도 죄가 있어도 그것을 진솔하게 고백할 수 있도록 하는 수용적 자세, 문제가 있어도 괜찮다고 품어주는 마음이 있어야 한다. 이런 분위기가 있을 때 멤버들도 인격적 관계를 만들어가는 법을 배워갈 수 있게 된다.

이 과정에서 인도자 역시 연약한 죄인이며, 멤버도 연약한 죄인이기에 서로가 문제가 있음을 인정해야 한다. 죄와 연약함과 실수가 있다하더라도 예수님을 바라보면서 수용해주는 분위기가 형성되어 있을 때 자신의 부족을 드러내어 그것을 회개하고 변화시켜 나갈 수 있는 힘이 생기는 것이다.

멤버들이 자신들의 마음을 열어 삶의 두려움을 아무런 제한이나 비판 없이 표현하게 하고, 분노, 슬픔, 후회 등을 진솔하게 나누며, 하나님의 은혜와 사랑을 경험하도록 돕는 분위기가 가장 중요하다. 이 과정에서 하나님과 인도자, 멤버들과의 관계 속에 예수 그리스도의 보혈의 은혜가 흐르게 된다. 또한 성령님의 도우심으로 삼위일체 하나님의 신비로움을 조금씩 경험하는 놀라운 은혜를 누리게 된다.

인격신앙훈련과정에 참여하는 사람은 먼저 제자훈련성경공부를 마친 사람이 하는 것이 좋다. 기본 과정인 제자훈련을 하지 않은 사람은 훈련을 하는 과정에서 자신의 죄와 연약함을 개방하는 것이 힘들고, 개념도 어려워서 좌절을 느낄 수 있다. 그러므로 인도자는 처음에 훈련생을 모집할 때 '제자훈련과정을 마친 사람'이 신청할 수 있도록 안내할 필요가 있다. 제자훈련과정은 기존에 많이 나와 있으므로 그것으로 훈련을 하거나, 저자가 쓴 새가족 성경공부용 교재인 '새로운 시작(다세움)'과 '전인성숙을 위한 제자훈련시리즈 4권(다세움)'을 마친 사람을 대상으로 훈련하는 것을 추천하고자 한다.

소그룹 인도자를 위하여

1 모임을 시작하면서 현재의 심정을 나눕니다. 모임을 하기 전에 자신의 마음을 개방하는 이유는 부정적이거나 힘든 마음을 가지고 있을 때 말씀을 올바로 깨닫고 적용할 여유가 없기 때문입니다. 따라서 처음 시작할 때 마음을 열어 감정을 나누면서 자연스럽게 훈련받을 수 있는 준비를 합니다. 이 시간은 10-20분을 넘지 않도록 합니다.

2 교재에 제시된 질문에 따라 매순간 자신을 돌아볼 수 있도록 멤버를 이끕니다. 처음에는 자신의 이야기를 한다는 것이 귀찮고 싫을 것입니다. 그러나 서로의 삶을 진솔하게 나누는 분위기를 조성하면 자발적인 나눔이 일어나게 됩니다.

3 멤버가 진솔한 자기개방을 할 때 인도자는 경청과 공감으로 만나줍니다. 이를 위해 인도자는 하나님께 의탁하는 기도와 진솔한 자기개방, 인격적인 태도가 몸에 배어 있어야 합니다. 인도자는 자신의 생각을 주입하려 하거나 많은 말을 하지 않습니다. 멤버들이 자신의 생각과 감정을 스스로 정리할 수 있도록 기회를 제공합니다.

4 인도자는 메시지의 핵심과 방향에 대해서는 분명한 안내를 하도록 합니다. 이를 위해 교재를 최소한 3번 이상 읽고 자신에게 먼저 적용하여 성실하게 답을 작성해 보십시오. 교재의 내용을 충분히 숙지해야만 모임을 목적에 따라 이끌 수 있습니다.

5 모임의 시간을 잘 조절하십시오. 삶을 나누다 보면 자꾸 자기 이야기를 하고 싶어집니다. 그러나 한 사람이 이야기를 독점하면 모임의 역동이 깨어지고 멤버들이 지루해할 수 있으므로 자신의 이야기를 길게 하는 멤버가 있다면 인격적이면서도 부드러운 태도로 자제해줄 것을 권면합니다.

6 소그룹의 가장 확실한 인도자는 성령님이십니다. 매시간 성령님께 의탁하는 마음으로 기도하면서 모임을 인도하는 것이 가장 효과적임을 잊지 마십시오. 모임 전에, 모임이 진행되고 있는 중에라도 멤버와 자신을 위해 기도하십시오.

7 인도자는 멤버가 모임 중에 이야기한 것에 대해서는 끝까지 비밀을 유지해야 하며 멤버들에게도 비밀을 지켜달라고 당부합니다. 아무리 좋은 목적이라 하더라도 모임 중에 이야기한 것은 공개하지 않는 것이 원칙입니다. 만약 공개해야 될 경우, 사전에 멤버의 동의를 구해야 하며 공개된 이후에 심적으로 불편할 수도 있음을 알려주어야 합니다.

8 인도자가 자신의 호기심으로 궁금해 하는 태도는 지양해야 합니다. 그리고 멤버가 이야기하고 싶지 않을 때는 언제든지 말하지 않아도 될 권리가 있음을 알려주어야 합니다. 인도자의 최대 의무 가운데 하나는 멤버를 보호하는 것이며, 멤버가 인도자의 이런 마음을 통해 안전감을 느낄 때 그 모임은 신뢰 속에서 계속 성장할 수 있습니다.

9 일반적으로 모임의 인도자들은 다른 사람의 문제를 대신 짊어지거나 감정적으로 깊이 관여하고픈 유혹을 자주 느낍니다. 특히 동정심이 많고 타인의 문제에 민감한 사람은 모임 중에 객관성을 상실할 수 있습니다. 도움을 주려는 마음은 숭고한 것이지만 지나친 관여는 멤버에게 도움이 되지 않고 인도자의 탈진을 가져올 수 있습니다. 그러므로 인도자는 자신이 도와주어야 할 영역이 어디까지인지 분명한 한계를 설정하고 그 한계 내에서 도움을 주어야 지치지 않고 오랫동안 도와줄 수 있습니다.

10 모임을 인도하다 보면 어떤 문제들은 인도자가 감당하기에는 너무 벅차거나 시간이 요구되는 경우가 있습니다. 깊이 뿌리박힌 정서적인 문제나 자살 성향 또는 파괴적인 충동을 지닌 사람은 인도자가 직접 해결하려고 하기보다는 전문가(자신의 인도자나 상담자)에게 위탁함으로 적절하게 도움을 구하는 것이 지혜로운 처사임을 명심하십시오.

모임을 위한 약속

모임을 시작하기 전에 다음의 약속을 지키기로 다짐합니다.

1 모임에 적극적으로 임하고 자발적으로 참여하겠습니다.

2 리더와 멤버에 대하여 비난이나 비판의 마음을 가지지 않도록 노력하겠습니다. 만일 말이나 행동으로 실수하는 경우 용서를 구하며 돌이키겠습니다.

3 가능하면 솔직하게 이야기하고 혹 말하고 싶지 않을 때 다시 용기를 내어 보겠습니다. 그리고 왜 말을 하고 싶지 않은지 생각해보고 그 이유를 말로 표현해보겠습니다.

4 부정적인 정서가 내 마음에 가득하면 하나님의 은혜를 구하고 긍정적인 분위기와 말로 표현해보겠습니다.

5 다른 사람이 이야기할 때 그 사람을 바라보고 집중하여 듣겠습니다.

6 멤버들을 격려하고 칭찬하며 장점을 찾아서 지지해주겠습니다.

7 모임 시간 동안에 들은 이야기를 절대로 밖에서 말하지 않겠습니다. 이 시간에 나눈 모든 내용은 비밀이 보장되어야 하기 때문입니다.

8 모임에 지각하거나 결석, 자리이동 등 모임의 분위기를 방해하는 행동을 하지 않겠습니다.

9 다른 사람을 존중하며 타인이 내게 잘못했을 때 그 실수나 허물을 용납하고 용서하겠습니다.

10 모임 시간에는 핸드폰을 끄겠습니다.

1과 인격적인 그리스도인

> **| 목 표 |**
> 예수님을 닮아가는 그리스도인의 인격적인 모습은 어떠해야 하는지 배우고 실제로 예수님의 인격을 닮아가기 위해 힘쓴다.
>
> **| 주제 말씀 |**
> 우리가 다 하나님의 아들을 믿는 것과 아는 일에 하나가 되어 온전한 사람을 이루어 그리스도의 장성한 분량이 충만한 데까지 이르리니(엡 4:13)

1. 인격신앙훈련이란

그리스도인의 최고의 목표는 그리스도를 마음 중심에 모시고 그분을 본받는 삶을 사는 것이다. 그러나 우리가 아무리 노력한다 할지라도 우리는 완벽한 하나님의 형상, 즉 예수 그리스도의 완전한 모습에 도달할 수는 없다.

그리스도인이 아무리 거룩하고 그리스도의 모습을 닮았다고 해도 우리는 여전히 '변화하는 과정' 중에 있다. 그리스도께서 다시 오시기 전까지 누구도 완전히 그분처럼 될 수 없다. 우리는 이 세상에서는 의인 겸 죄인이다. 그러므로 그리스도인의 삶이란 그리스도의 형상을 닮아가는 점진적인 과정이며 꾸준히 그리고 지속적으로 노력해 가는 과정이다.

원죄는 우리 모두를 교묘하고도 강력한 자기중심적인 이기적 존재로 만들어 놓았다. 그래서 우리 자신의 노력만으로는 그리스도 중심적이 될 수 없고 그리스도를 닮을 수 없다. 그러나 하나님의 은혜가 임하게 되면 우리의 본성과 행위가 근본적으로 변할 수 있는 내적 변화가 일어난다.

그리스도의 영이 우리 안에 들어올 수 있다면 우리도 그 분처럼 살 수 있다. 성령은 거듭난 성도 안에 내주하신다고 하셨다. 그래서 그리스도인이 거룩하게 되는 비결은 예수님처럼 살려고 발버둥치는 것이 아니라 주의 영이 나를 지배하도록 하는 것이다. 재차 강조하지만 비결은 본받는데 있다기보다 그리스도께서 우리를 통해 당신의 삶을 재현하는데 있다. 이것은 성령의 이끄심에 따라 순종하며 나아갈 때 가능하다.

왜냐하면 성령은 그리스도의 영이시며, 성령의 사역은 그리스도께 초점을 맞추고 있기 때문이다. 성령은 우리에게 그리스도의 영광을 보여주시며, 우리를 그리스도의 형상으로 변화시킨다. 우리가 그리스도를 중심에 모신 그리스도인이 되고자 한다면 우리에게 필요한 것은 성령이시다. 우리는 날마다 그리고 끊임없이 예수 그리스도께로 나아가 성령충만과 기름부으심을 간구해야 한다. 그때 성령님께서는 우리에게 그리스도를 보여주시고, 우리 안에 그리스도의 형상을 빚으실 것이다.

이 훈련을 통해 신앙과 삶이 일치하는 성도, 성령의 기름부으심으로 그리스도께 순종하며 따라가는 성숙한 성도가 될 것을 소망하며 나아가자. 예수 그리스도의 구속의 은혜를 입은 성도들은 그리스도 안에서 생명을 회복하였으며 그 나라에 갈 때까지 점차 성화되는 존재다. 이 과정에서 하나님의 형상을 회복해야 할 과제가 있다. 따라서 인격신앙훈련은 하나님의 형상 회복이라는 목표를 가지고 거듭났을 때부터 하늘나라에 가는 그 순간까지 끊임없이 자신의 외면과 내면을 변화시키기 위한 훈련 과정이다.

1) 위의 글을 읽고 인격적인 성숙을 위한 신앙훈련이란 무엇인지 요약해보고 얻은 깨달음이 무엇인지 나누어보자.

2) 믿음과 삶의 일치를 위해 노력하지 않으면, 즉 순종이 없고 자기를 거스르는 훈련이 없는 신앙생활은 예수님의 제자라고 할 수 없다. 당신은 어떻게 생각하는가?

3) 당신의 모습 중에서 변화시켜야 할 것들이 있다면, 그것이 무엇인지 생각해보고 구체적으로 적어보자(예: 언어습관, 생활습관 등).

2. 예수 그리스도를 본받는 그리스도인

고린도전서 11장 1절에서 바울은 "내가 그리스도를 본받는 자가 된 것 같이 너희는 나를 본받는 자가 되라"고 호소하고 있다. 그리스도를 닮아 가는 것은 우리 삶의 궁극적 목적이 되어야 한다. 주님은 "나는 세상의 빛이니 나를 따르는 자는 어둠에 다니지 아니하고 생명의 빛을 얻으리라(요 8:12)"고 말씀하시면서 우리 그리스도인들에게 빛의 자녀로 살아가라고 명령하신다.

하나님께서는 우리 안에서 예수를 닮은 모습을 보고 싶어 하신다.
하나님께서는 처음부터 당신의 형상을 따라 우리를 창조하셨으나 우리는 불순종함으로써 그 형상을 망가뜨리고 왜곡시켰다. 하나님께서는 거듭난 우리가 그리스도를 본받음으로써 그 형상을 회복하기를 원하신다.

"그는 보이지 아니하는 하나님의 형상이시요 모든 피조물보다 먼저 나신 이시니 (골 1:15)"

그리스도는 온전한 인격을 갖추신 유일한 분이기 때문에 그리스도를 닮아가는 것이 우리가 온전해지는 길이다. 그리스도처럼 되는 것은 인간을 향한 하나님의 목표다.

세상 사람도 우리 안에서 예수님의 인격을 보고 싶어 한다.
인도 선교를 담당했던 감리교 선교사 스탠리 존스는 노(老)철학자인 바라 다다 (Bara Dada)가 "예수님은 이상적이고 경이로운 분이지만 당신네 그리스도인들은 예수님과 다르군요."라는 말을 듣고 놀랐다고 한다.
또 한 번은 교육에 관한 주제 모임에서 힌두교 강사가 그곳의 기독교 관계자들에게 "여기 계신 분들의 상당수가 그리스도인들이군요. 만약 여러분들과 같은 그리스도인들이 예수 그리스도처럼 살고자 한다면 인도는 당장 여러분의 발아래 있게 될 것입니다."라고 하였다. 세상 사람들이 교회에 바라는 것은 교회가 그리스도의 복음을 바르게 행하고 그들에게 그것을 보여주는 것이다.

그렇다면 어떻게 그리스도를 본받을 수 있을까?
거듭난 하나님의 사람이 성령의 조명과 기름부으심 아래서 그분의 생애와 인격을 묵상하면 된다. 만약 셰익스피어를 닮으려 한다면 우리에게 그의 문학적 천재성이 필요하다. 마찬가지로 우리가 예수님을 닮으려면 그분의 영이 필요하다. 그리스도의 영이신 성령은 모든 사람이 동일하게 가질 수 있는데 이것이 바로 '복음'이다. 성령님께서는 우리에게 예수 그리스도의 영광을 보여주신다.

예수 그리스도는 자기를 비우고 낮추신 분이며, 다른 사람을 섬기신 분이다. 그리고 원수를 사랑하신 분이며, 하나님을 신뢰하고 순종한 분이다. 우리에게 비친 영광의 그리스도를 우리가 본받고 살아가고자 애쓸 때, 성령님께서 우리를 예수 그리스도의 형상으로 변화시키신다. 우리는 성화의 과정에 있을 뿐 완성에 이룰 수 없다. 이 과정은 '주의 영'으로 말미암는다. 그래서 우리는 언제나 성령의 은혜와 기름부으심을 갈망해야 하는 것이다.

1) 위의 내용을 요약해보고 얻은 깨달음이 무엇인지 나누어보자.

2) 고린도후서 3장 18절을 적어보고 우리가 어떻게 예수님의 인격을 닮아갈 수 있는지 생각해보자.

3) 그리스도인에게 있어서 가장 중요한 것은 그리스도를 중심에 왕으로 모시고 살아가는 일이다. (자신이 왕이라는) 자기중심적 태도를 가지고는 그리스도를 닮을 수 없다. 당신의 중심에는 그리스도가 왕인가, 아니면 당신이 왕인가?

4) 골로새서 1장 28절에서 성경이 우리에게 요구하는 삶이 무엇인지 점검해보고, 당신은 어떤 것들을 실천할 수 있는지 생각해보자.

3. 비인격적인 나의 모습

그리스도인이라면 예수님의 인격을 본받는 것을 목표로 삼아야 한다. 이를 위해 먼저 우리가 일상생활에서 얼마나 비인격적인 모습을 가지고 살아가고 있는지 살펴보고 그런 나를 철저히 인식하는 시간을 가지도록 하자.

⠂⠂ 겉으로 드러난 나의 비인격적인 모습

심리학에서는 인격에 대해 여러 면으로 설명하고 있는데 먼저 인격을 가면적 인격과 내면적 인격으로 설명하고 있다.

가면적 인격은 겉으로 나타나는 그 사람의 모습으로서 인격의 기초다. 인간이 사회화되어가는 첫 과정에서 배변훈련을 시키는 이유는 타인이 싫어할 만한 부분들을 적절히 포장할 수 있는 능력을 기르도록 하기 위한 것이다.

가면적 인격은 남에게 피해를 주지 않으면서 발달 단계에 따라 자신에게 주어진 역할을 적절히 수행할 수 있는 능력이다. 그래서 가면적 인격이 잘 발달된 사람은 다른 사람과 적절한 경계선을 지키면서 (가족이라 하더라도) 피해를 줄 만한 행동을 삼가고 자신에게 주어진 일은 기본적으로 해낼 수 있는 능력을 갖추며 살아간다. 또한 타인을 배려하는 마음을 갖는다.

가면적 인격의 교육 목표는 타인의 영역을 침범하지 않는 능력을 키우고 삶에서 예의바른 태도를 가지고 탁월한 일처리 능력과 자신의 분야에서 전문성을 가지며 자신의 의무를 다 해내는 능력을 갖는 것이다.

1) 위의 글을 정리해보고 깨달음이 무엇인지 적어보자.

2) 당신은 가면적 인격이 잘 훈련되어 있는지 진솔하게 나누어보자. 그리고 가면적 인격을 세우기 위해 어떤 노력이 필요할지 생각해보자.

::: 내면에 숨겨져 있는 나의 비인격성

내면적 인격은 자신의 내면에 숨겨져 있는, 겉으로 드러나지 않는 그 사람의 성품이다. 그래서 내면적 인격이 잘 갖추어진 사람은 성품이나 됨됨이가 믿을만하고 성숙해 보인다.

그러나 기독교적 인간관은 기본적으로 인간의 본성이 죄로 인하여 부패되고 타락되었다고 보기 때문에 내면적 인격이 아름다운 사람은 없다. 우리 그리스도인들은 자신의 내면에 있는 죄성을 발견하고 인정하면서 날마다 하나님의 은혜를 사모해야 한다. 사도바울은 죄 밖에 없는 자신의 본성을 보며, 신앙생활이 계속되어도 내면적 인격이 아름다워지지 않는 모습을 보면서 '죄인 중의 괴수(딤전 1:15)'라고 고백했다. 이렇듯 그리스도인은 자신의 내면적 인격을 깊이 살펴보면 탄식 밖에 흘러나올 것이 없음을 인정해야 한다.

자신의 내면을 변화시키려고 노력해도 매순간 성령님의 은혜 없이는 죄를 지을 수밖에 없음을 알고 끊임없이 성령충만을 사모하고 성령의 은혜를 덧입어야 한다. 하나님의 은혜를 덧입은 결과 성령의 열매와 함께 절제, 언행일치, 겸손, 용기, 근면, 소박, 진실, 사랑하고 사랑 받는 능력과 함께 용서 누림과 용서하기 등의 인격이 형성되는 것이지, 나의 노력으로 되는 것이 아님을 인정해야 한다.

결국 내면적 인격이 아름답게 되는 방법은 인간의 힘으로 불가능한 것임을 사도 바울처럼 고백하는 것이다. 하나님은 높이고, 나는 자꾸만 낮아지며 매순간 말씀과 기도를 통해 하나님의 은혜를 입으며 살아가는 자가 내면적 인격이 세워진 사람이다.

1) 위의 글을 정리해보고 어떤 생각이 드는지 나누어보자.

2) 당신은 자신의 내면적 인격을 어떻게 생각하고 있었는지 진솔하게 나누어보자. 그리고 내면적 인격을 세우기 위해 어떤 노력이 필요한지 정리해보자.

∴ 관계에서의 나의 비인격성

인격의 개념에 있어서 가면적 인격, 내면적 인격 외에도 사람과 사람 사이의 관계에서 필요한 인격을 관계적 인격이라 한다. 관계적 인격은 다른 사람과 관계를 맺는 방식이 어떠한가를 의미한다. 인격적인 사람은 다른 사람과 관계를 맺을 때도 상대방에게 좋은 영향을 주고 상대방을 행복하고 기쁘게 해주는 능력이 있다. 관계 능력이 있는 사람은 타인과 관계할 때 그의 개인적인 문제에 깊은 관심을 가지며, 나 자신의 삶과 문제들을 개방하여 신뢰 관계를 형성해 나갈 수 있다.

그리고 대화능력, 즉 의사소통 능력을 갖추고 상대방의 존재를 존중하면서 그의 마음에 귀 기울이고 이야기를 경청하면서 진솔하게 삶을 나누고 상대를 성장하도록 돕는다. 관계적 능력이 부족하면 타인에게 상처를 주며, 인간의 본성적인 악을 다스리지 못하면 타인을 자기 위주로 이용하려 하며, 자신에게 유익이 있을 때만 관계를 맺고자 하는 자기애성 인격장애를 가지게 된다.

관계적 인격이 세워진 사람은 자신의 삶을 진실하게 열어 보이면서 다른 사람을 돕고자 하는 진심어린 관심과 타인을 공감하려는 태도와 의사소통능력 등을 가지고 있다. 그러나 무엇보다도 가장 수준 높은 관계적 인격은 아가페사랑으로 자신을 대하고 다른 사람을 대하는 것이다. 그리스도가 나를 위해 사랑하신 것처럼 내가 나를 그렇게 아가페 사랑하고, 다른 사람을 아가페 사랑하는 것이 관계적 인격의 목표다.

1) 위의 글을 정리해보고 얻은 깨달음이 있다면 나누어보자.

2) 관계적 인격을 세우기 위해 필요한 것이 무엇인지 정리해보고, 당신에게 부족한 모습은 무엇인지 진솔하게 나누어보고 앞으로 어떻게 하면 좋을지 생각해보자.

.·" 마치며…

1. 1과를 공부하면서 배우고 깨달은 점과 느낀 점은 무엇인가?

2. 1과를 통해 새롭게 결심한 것이 있으면 무엇인가?

금주의 과제

1. 성경읽기: 마태복음 1-10장, 창세기 1-15장

2. 독서보고: 심수명, 『인생을 축제처럼』, 1-2장 읽고 독후감 쓰기
   (독서과제는 다른 책으로 할 수도 있다. 뒤에 추천도서 있음)

3. 성경암송: A1(고후 5:17), A2(갈 2:20)

2과 그리스도인의 인생목표

| 목 표 |

목표 없는 인생은 표류하는 바다와 같다. 인생의 궁극적 목표는 어떠해야 하는지 발견하고 확신하도록 한다.

| 주제 말씀 |

그런즉 너희가 먹든지 마시든지 무엇을 하든지 다 하나님의 영광을 위하여 하라(고전 10:31)

1. 인생의 목표

우리는 인생을 살아가면서 다음과 같은 질문에 답을 찾으며 살아가야 한다.
"나는 누구인가? 그리고 무엇을 위해 살고 있는가? 인생의 참된 의미는 어디에 있으며, 인생의 행복은 어디에 있는가?"

집을 건축하는데 설계도면 없이 좋은 집을 건축할 수는 없다. 인생의 궁극적인 목표 없이 맹목적으로 열심히 공부하거나 밤잠을 자지 않고 일을 한다면 그 인생은 올바른 방향으로 가기가 어렵다. 돈을 벌거나, 학위를 얻거나, 지위나 권력을 얻기 위해 열심히 달려가도 건강이 악화되거나 가정이 붕괴된다면 이러한 수

고가 무슨 의미가 있겠는가?

주님은 이런 사람에게 다음과 같이 책망하신다.

"하나님은 이르시되 어리석은 자여 오늘 밤에 네 영혼을 도로 찾으리니 그러면 네 준비한 것이 누구의 것이 되겠느냐 하셨으니(눅 12:20)"

그리스도인으로서 아름다운 인생을 살아가려면 나를 향한 하나님의 설계도, 즉 하나님의 계획과 기대가 우리의 인생 목표가 되어야 한다. 이러한 목표를 이루기 위해서 우리는 주어진 세월과 시간을 하나님을 위해 사용하려는 마음가짐을 가지고 한 순간의 삶도 낭비하거나 잘못 사용해서는 안 된다.

소요리 문답은 사람의 제일 된 목적은 "하나님을 영화롭게 하는 것과 영원토록 그를 즐거워하는 것"이라 말하고 있다. 당신이 그리스도인이라면 이 말에 기쁘게 동의할 것이다. 그리스도인이라는 말은 그리스도의 사람이라는 뜻으로서 그 정체성을 그리스도 안에서 찾는 자이다. 그러므로 그리스도인으로서의 정체성은 하나님의 영광을 위해 살고, 예수님을 나타내기 위해 예수님을 본받으려는 것에 있다. 당신에게 이러한 정체성이 있는가?

1) 위의 글을 읽고 요약해보고 어떤 느낌이 드는지 나누어보자.

2) 당신은 지금까지 무엇을 위해 살아왔으며, 당신의 관심은 어디에 있는지 반성해보자.

3) 다음 말씀을 찾아보고 인생의 목표가 무엇이어야 하는지 정리해보자.

⊕　고린도전서 10:31

⊕　로마서 11:36

2. 거듭난 사람의 증거

사람이 하나님 나라에 들어가려면 거듭나야 한다. 한 번 태어나는 것이 육적 생명이라면 두 번째 태어나는 것은 영적 생명이다. 그러면 사람은 왜 두 번 태어나야 할까? 한 번만 태어난 사람은 영적으로 죽어 있기 때문이다. 에베소서 2장 1절에 "그(하나님)는 허물과 죄로 죽었던 너희를 살리셨도다"라고 말씀하신다. 이 말씀은 한 번 태어난 사람은 육적 생명만 살았지 영적 생명은 죽었다는 말이다.

사람은 인류의 조상 아담의 범죄가 유전되어, 태어나면서부터 죄인이다. 이것은 우리가 잘못해서 그런 것이 아니라 아담의 범죄 때문에 죄인이 된 것이기에 아담의 후손인 우리로서는 너무나 억울한 일이다. 그래서 하나님은 다시금 우리에게 기회를 주셔서 영생을 얻게 하셨다. 그것은 조상을 바꾸는 것이다. 즉 아담 때문에 죄인 되었으나, 예수 때문에 의인되는 것이다. 이것은 죄 값으로 죽어야만 하는 나를 위해 예수님께서 대신 죽으셨다는 것을 단순히 믿는 것이다.

예수님은 니고데모와의 대화에서 이 점을 명확히 제시하셨다. 니고데모는 이스라엘 선생이었고 산헤드린 공회원이었다. 그는 예수님의 기적에 대한 소문을 들었고 그래서 예수님을 하나님께서 보내신 자로 생각하였다. 그러나 아직도 예수님에 대하여 명확히 깨닫지 못했고 의심이 남아 있었기 때문에, 유대인들의 불신과 적의를 불러일으키지 않도록 밤에 예수님께 찾아와 그분이 메시야인지를 확인하고자 했다.

이러한 니고데모에게 예수님께서 "진실로 진실로 네게 이르노니 사람이 거듭나지 아니하면 하나님의 나라를 볼 수 없느니라(요 3:3)"고 대답해주셨다. 이 말씀은 문자적으로 거듭(다시) 태어난다는 것이 아니라 위로부터 태어난다는 말이다. 예수님은 '오직 위로부터(요 3:3), 물과 성령으로(요 3:5), 성령으로(요 3:8) 태어나는 일' 만이 그 나라에 들어갈 수 있는 유일한 길임을 역설하셨다.

바울은 "내가 그리스도와 함께 십자가에 못 박혔나니 그런즉 이제는 내가 사는 것이 아니요 오직 내 안에 그리스도께서 사시는 것이라(갈 2:20上)"고 고백했다. 그리고 "이제 내가 육체 가운데 사는 것은 나를 사랑하사 나를 위하여 자기 자신을 버리신 하나님의 아들을 믿는 믿음 안에서 사는 것이라(갈 2:20下)"고 하였다. 그의 자아는 그리스도와 함께 십자가에 못 박혀 죽었으나, 그리스도와 함께 다시 태어났고 새롭게 되었다.

이러한 변화는 그 성격이 영적이다. 거듭난 사람은 성령으로부터 나오는 완전히 새로운 영을 통해 새로운 생명이 자라난다(벧전 1:23, 요일 3:9). 거듭남은 인격의 핵심, 곧 자아 자체가 변하는 것이지만, 그로부터 인간의 모든 능력들, 곧 그의 이성(롬 12:1, 고전 2:12, 엡 4:23), 그의 마음(히 8:10, 10:16, 벧전 3:4) 그의 의지(롬 7:15-21), 그의 감정(롬 7:22), 그의 영과 혼과 몸에 퍼진다(롬 6:19, 살전 5:23). 성령 안에서 전인이 새로 태어나는 것(롬 6:4, 7:6), 이것이 거듭남이다.

1) 위의 내용을 요약해보자.

2) 거듭난 사람의 증거 중 핵심은 무엇이라 생각하는가? 이러한 증거가 당신의 삶에 얼마나 있는가 생각해보고 진솔하게 나누어보자.

3. 거듭남의 과정

나는 소위 모태 신앙인이기에 어릴 때부터 예수님에 대해 들었고 배웠으며 그 안에서 성장하다가 소년 시절에는 신비한 영적 체험까지 경험하였다. 그러나 인격적으로 예수님을 만난 것은 24살 때였다. 그때 예수님의 죽으심이 나를 위한 죽음이요. 그 분 안에 영원한 안식이 있음을 알았기에 예수 그리스도를 구주와 주님으로 고백하며 나를 그 분께 의탁했다.

그 경험 이후, 나의 삶은 완전히 달라졌다. 불안과 근심이 많고 연민과 세상에 대한 적개심이 가득 차 있던 내가 예수님과 함께 다시 태어나니 느낌이 달라졌다. 나뭇잎을 스치는 바람과 흐르는 시냇물은 어제와 동일했고 태양이 떠오르는 것도 같았지만 내가 달라졌다. 하늘을 보는 느낌이 달랐고 땅을 밟는 느낌이 달라졌다. 우주 안에 하나님이 나를 사랑하는 따뜻한 사랑으로 가득 채워지는 느낌을 받았다.

이처럼 예수님을 인격적으로 만난 사람은 삶을 보는 시각이 달라진다. 하지만 하나님을 의지하지 못하고 세상 속에 빠져 있으면 과거의 사람이 다시 살아나려고 꿈틀거리기도 한다. 옛 사람의 잔재 때문에 성령의 열매가 적고 세상일에 마음을 빼앗기고, 세상의 유혹에 믿음이 흔들리기도 한다. 그때는 자기중심적인 악취를 풍긴다. 이것이 신앙인의 현실이다. 하지만 실망하지 않아도 되는 것은 우리의 하나님이 언제나 우리를 신실하게 붙드시기 때문이다.

자연의 법칙은 귀중한 것을 깨닫게 해 줄 때가 많다. 밀알이 죽어야 열매를 맺는 것처럼 예수님의 죽으심도 마찬가지다. 예수님께서는 십자가에서 죽으시고 사흘 후에 부활하셔서 그리스도 안에 있는 모든 사람들을 살리셨다. 그러므로 자기를 위해 사는 사람은 죽고, 그리스도 때문에 자신을 버리고 영혼을 위해 사는 사람은 영원히 사는 법칙이 우리 그리스도인들에게 적용된다. 우리에게 그리스도의 풍성함이 나타나시도록, 주님처럼 한 알의 밀로서 땅에 떨어져 죽기를 소망해보자(요 12:24).

1) 위의 내용을 요약해보고 얻은 깨달음이 무엇인지 나누어보자.

2) 당신은 거듭났는가? 그 과정을 간단히 정리해보고 나누어보자.

3) 앞으로 당신의 영이 새롭게 되기 위해 당신의 육을 어떻게 부인하며 살겠는지 구체적으로 결심해보자.

4) 요한복음 1장 12-13절을 통해 믿음과 거듭남의 관계가 어떠한지 설명해보자.

5) 거듭난 사람은 모든 면에서 다른 사람과 구별된다. 데살로니가교인들이 바로 그런 사람들이었다. 말씀을 통해 그 증거를 찾아보자.

● 거듭난 첫째 증거(살전 1:3)

● 거듭난 둘째 증거(살전 1:6)

● 거듭난 셋째 증거(살전 1:9)

● 거듭난 넷째 증거(살전 2:13)

● 네 가지 증거에서 당신에게 잘 나타나는 증거와 그렇지 않은 증거는 무엇인가?

4. 제자의 삶

예수님께서는 제자들에게 모든 민족을 예수의 제자로 삼으라고 명령하신다.

"예수께서 나아와 말씀하여 이르시되 하늘과 땅의 모든 권세를 내게 주셨으니 그러므로 너희는 가서 모든 민족을 제자로 삼아 아버지와 아들과 성령의 이름으로 세례를 베풀고 내가 너희에게 분부한 모든 것을 가르쳐 지키게 하라 볼지어다 내가 세상 끝날까지 너희와 항상 함께 있으리라 하시니라(마 28:18-20)"

이 말씀은 먼저 제자가 된 사람은 다시금 제자를 삼는 일에 헌신해야 할 사명이 있음을 촉구하는 말씀이다. 따라서 제자를 만드는 일은 세례(구원)를 받자마자 즉시 시작되어야 한다. 거듭난 영적 신생아는 영적 어머니의 품에서 양육되어야 한다. 오늘날 영적 새 신자가 돌봄이 없이 방치된 채, 영적 고아로, 자기 중심적 신앙인으로 자라가는 것을 많이 볼 수 있다.

내가 성숙한 신앙인이 되었다면 그 과정에는 나를 위해 교사처럼 가르치고 어버이처럼 모범을 보이고 도와 준 양육자가 있었을 것이다. 어린 성도가 성숙한 성도가 되기까지는 많은 기간 동안 양육자는 해산의 고통을 감당해야 한다. 제자는 저절로 자라는 것이 아니라 과정을 통해서 만들어 진다. 그리고 제자를 만드는 그 과정은 실로 많은 수고와 어려움이 따른다.

인격신앙훈련은 예수님의 영성을 가지고 예수님의 제자로 살아가도록 하는 훈련이다. 그러기 위해서는 삶의 모든 영역에서 예수님을 따르고 배우고 섬기며 순종하는 사람이 되겠다는 결심이 필요하다. 이러한 사람이 바로 예수님의 제자다.

1) 위의 내용을 요약해보고 얻은 깨달음이 무엇인지 나누어보자.

2) 요한복음 8장 31-32절에서 이미 예수를 믿는 자들에게 제자가 되어야 한다고 말하는 이유는 무엇이라고 생각하는가? 예수님의 제자로 살고 싶은 소망과 결심을 적어보자.

.:" 마치며…

1. 2과를 공부하면서 배우고 깨달은 점과 느낀 점은 무엇인가?

2. 2과를 통해 새롭게 결심한 것이 있으면 무엇인가?

금주의 과제

1. 성경읽기: 마태복음 11-20장, 창세기 16-30장

2. 독서보고: 심수명, 『인생을 축제처럼』, 3-4장 읽고 독후감 쓰기

3. 성경암송: A3(롬 3:1), A4(요 14:21)

3과 신적 자아상

1. 인격적으로 문제가 있는 인간

하나님께서는 인간을 하나님의 형상대로 창조하셨다(창 1:26-27). 하나님의 형
상대로 창조되었다는 것은 인간만이 하나님을 반영하는 존재며, 하나님께 속해
있으며, 하나님과 관계하도록 지음받았다는 것이다. 삼위일체 하나님께서는 인
격적 속성을 가지고 계시며 서로를 위해 존재하신다. 하나님의 형상을 닮은 인
간도 서로를 위해 존재하며, 인격적인 관계를 갈망하는 욕구가 있다. 또한 하나
님이 주신 목적에 따라 살며, 그 목적을 향하여 나아갈 수 있는 능력도 부여받
았다.

하지만 아담과 하와는 "선악을 알게 하는 나무의 열매는 먹지 말라 네가 먹는 날에는 반드시 죽으리라(창 2:17)"는 하나님의 명령(종교 명령)에 불순종하여 타락하고 말았다. 죄는 즉각적으로 끔찍한 결과들을 가져왔다. 타락한 아담은 하나님을 두려워하여(핵심 감정), 자기의 죄가 노출된 것 때문에 하나님으로부터 숨었다(핵심 방어 수단). 이렇게 아담과 하와는 하나님과의 연합된 관계가 깨어져 하나님으로부터 분리되는 관계에 놓이게 되었다. 이로 인해 인간은 태어날 때부터 깨어진(상처받은) 마음을 가지고 태어나게 되었다.

"내가 원하는 바 선은 행하지 아니하고 도리어 원하지 아니하는 바 악을 행하는도다(롬 7:19)"라고 절규하는 바울의 고백이 바로 타락하고 버림받은 인간의 현주소다.

타락한 인간의 내면에는 두려움, 열등감, 불안, 수치심 등 기본적으로 부정적인 정서가 내재되어 있다. 인간의 깊은 내면에는 실존적 불안과 깊은 거절감으로 두려워하는 감정이 존재한다. 또한 인간은 생각에 있어서도 왜곡되고 이기적이며 자기중심적인 사고를 한다. 그 결과 하나님을 오해하며, 하나님은 진정으로 나의 행복과 형통을 원하시지 않을 것이라는 불신을 갖고 있다. 타락한 인간은 힘들고 어려운 일을 당하면 믿음과 소망을 갖기보다 절망, 고독, 죄책, 회의와 무의미, 자살, 죽음 등의 파괴적 사고를 한다.

불신이 밑바탕에 숨겨져 있는 인간은 그 누구도 믿지 못한다. 그래서 공동체 사이에도 사랑과 화합의 관계 대신 서로 시기하고 질투하며 반목하는 분열의 관계를 하게 된다. 누군가가 나를 무시하면 화가 나며, 상대방을 해치고 싶은 마음이 생기지만, 버림받을 것에 대한 두려움 때문에 이러한 마음을 숨긴다.
그래서 인간은 두려움과 불신, 시기심을 덮고 나름대로의 방어층을 형성하며 살아간다. 그것은 돈, 명예, 권력, 지위, 농담, 거만한 태도, 남을 속이는 눈물, 위장된 회개와 겸손, 침묵, 각종 중독에 빠지는 행위이며, 억압, 합리화, 투사, 승화, 반동 형성, 대치, 부정과 퇴행 등의 방어기제[1]로 위장하는 것이다. 본질상 악한 심성을 가지고 태어난 인간은 괜찮은 사람으로 보이기 위해 자신의 죄와 수치심을 감추며 살아간다(방어적 모습).

1) 위의 내용을 요약해보고 얻은 깨달음이 무엇인지 나누어보자.

2) 부정적 정서, 부정적 사고, 존재적 수치심 등 당신이 가지고 있는 부정적인 면은 어떤 것이 있는지 기도하면서 찾아보자.

---

1) 억압은 자신도 모르는 사이에 감정을 무의식에 감추어두는 것이며, 합리화는 어떤 행동에 대해서 사회적으로 용납될 만한 이유를 가지고 정당화하는 것이며, 투사는 자신의 내면에 있는 것을 다른 사람의 것이라고 생각하는 것이다. 승화는 사회적으로 받아들이기 힘든 욕구를 바람직한 방향으로 욕구를 충족시켜나가는 것이며, 반동 형성은 충동이나 욕구에 대해 반대되는 행동을 하는 것이다. 대치는 우리나라 속담의 꿩대신 닭과 같이 원래 원하는 대상이나 욕구를 다른 대상이나 욕구로 바꾸어 만족을 찾는 것이며, 부정은 말 그대로 현실을 부인하는 것이며, 퇴행은 스트레스 상황에서 이전의 어린 시절로 후퇴하는 것이다.

3) 죄와 수치심, 연약함과 잘못 등을 감추기 위해 당신이 취하는 방어기제는 무엇인지
   위 글에 나오는 방어기제를 보면서 찾아보자.

2. 변화를 위하여

우리가 하나님의 형상으로 회복되어 온전한 삶을 살기 원한다면 우리는 먼저 죄인임을 인정하는 일부터 시작해야 한다. 죄를 고백하지 않으면 하나님과 나 사이에 점점 높은 벽이 생긴다.

또한 죄를 고백했어도 악한 영향력은 여전히 우리를 끌어내려서 과거로 돌아가도록 만든다는 사실을 직시해야 한다. 우리는 매순간 과거의 잘못된 성향과 싸워야 할 책임이 있으며, 자신의 죄를 회개하며 하나님께로 돌이켜야 한다.

만약 당신이 살아오면서 부모나 타인에게 학대를 당했거나 상처를 받았다면 당신의 내면에는 분노와 비참함, 자기비하와 낮은 자아존중감 등이 있을 것이다. 이것이 치유되지 않으면 당신은 하나님의 목적대로 살지 못하게 될 것이다. 과거의 그 상처와 부정적인 감정을 털어 버려야 하는 것이 당신의 몫이다. 과거의 상처를 치유하기 위하여 영적 리더나 상담자의 도움을 받아 상처받은 내면을 치유하기 위한 노력을 해야 한다.

만일 당신이 가해자라면 피해자가 얼마나 큰 고통을 입고 있을지 생각해보고 당신의 죄를 고백하며 돌이켜야 한다. 온전한 회개는 새로운 삶을 사는 결과까지 수반해야 한다. 이것은 어려운 일이지만 끊임없이 노력해야 한다. 회개는 '마음을 바꾸는 것'으로서, 돌아서서 그 죄로부터 멀어져서 다시는 그 죄를 짓지 않기로 결심하는 것이며, 잘못한 일이 있으면 보상하는 것까지 포함하는 것이다. 사과만으로는 충분치 않다. 만일 우리가 남의 것을 훔쳤다면 진정한 고백과 회개뿐 아니라 '다시는 훔치지 않고 돌이켜 약하고 가난한 자를 돕겠다.'는 마음과 태도를 가져야 한다.

삶 속에서 사탄의 영향력을 축출하고, 그의 지배를 받지 않기로 결심해야 한다.

하나님은 우리에게 억지로 강권하지 않으신다. 우리 스스로 그것을 열망해야 한다. 과거의 고통, 나쁜 습관, 부정적인 감정, 왜곡된 사고, 그리고 죄와 방종을 버리길 원해야 한다.

1) 위의 내용을 요약해보고 얻은 깨달음이 무엇인지 나누어보자.

2) 변화를 위하여 과거에서 벗어나는 것에 대해 성경은 무엇이라 말씀하고 있는지 살펴보자.

⊕   마태복음 5:16

⊕   에베소서 4:31-32

3) 이 시간 기도하는 마음으로 기억나는 모든 죄와 상처를 써보자. 하나님께 죄와 상처를 기억나게 해주시기를 간구하고 "주님 앞에 이것을 고백합니다. 저의 상처를 위로해 주시고 저의 죄를 용서해 주십시오."라고 고백해보자.

하나님 앞에 드리는 나의 기도

3. 신적 자아상

원래 자아상은 '자신에 대한 이미지가 어떠한가'를 의미한다. 그런데 자아상은 중요한 타인이 나를 어떻게 보고 대했느냐에 따라 만들어진다. 그래서 부모님이나 가족 등 중요한 타인이 나를 긍정적이며 사랑으로 대해주었으면 긍정적인 자아상이 형성되고, 그렇지 않으면 부정적인 자아상이 형성된다. 그리고 본성적으로 죄인인 인간은 자신에 대하여 부정적 자아상이 마음 깊은 곳에 존재한다.

그러나 하나님에 대한 신뢰가 있고 하나님의 사랑과 축복을 입고 있는 사람은 가장 중요한 타인(부모님이나 가족 등)이 보는 시각이 아니라 하나님이 나를 보는 시각으로 자신을 볼 수 있게 된다. 중요한 타인으로부터 거절이나 비난, 무시 등의 대접을 받았다 하더라도 나를 향한 하나님의 사랑과 수용의 시각으로 나 자신을 봄으로써 자신의 존엄과 자존감이 회복될 수 있다. 인간이 하나님의 위대한 걸작이라는 사실을 받아들이는 사람은 하나님이 보시는 시각으로 나를 볼 수 있게 되는데 이것을 신적 자아상이라 할 수 있다.[2]

신적 자아상은 자신이 유일무이하고 독특한 존재로 창조되었음을 믿고 받아들이는 것으로부터 시작된다. 인간의 존엄성은 하나님의 신성에서 나온 것이다. 인간은 하나님 안에서만 존재할 수 있으며 모든 움직임 하나하나가 하나님께 속해 있고, 하나님의 뜻이 아니면 우리는 손가락 하나도 움직일 수 없다. 하나님께서는 모든 것들을 그 목적에 따라 만드셨으며 그 중에서도 가장 아름다운 걸작이 바로 나 자신이다.
또한 우리에게 영원한 생명을 주시려고 자신의 독생자를 십자가에 죽이신 사랑

---

2) 신적 자아상이라는 말은 저자가 '하나님이 나를 보는 시각으로 본다'는 의미에서 만들어낸 용어다.

을 믿는 성도는 겸손히 무릎 꿇어 자신의 인생을 주님께 헌신하며 살아가고 싶은 열망이 일어난다.

하나님의 형상으로 우리를 만드신 하나님은 우리에게 지성, 의로움과 거룩함, 그리고 만물을 지배하는 힘과 능력도 주셨다(문화 명령).

"새 사람을 입었으니 이는 자기를 창조하신 이의 형상을 따라 지식에까지 새롭게 하심을 입은 자니라(골 3:10)"

"하나님을 따라 의와 진리의 거룩함으로 지으심을 받은 새 사람을 입으라(엡 4:24)"

"하나님이 그들에게 복을 주시며 하나님이 그들에게 이르시되 생육하고 번성하여 땅에 충만하라, 땅을 정복하라, 바다의 물고기와 하늘의 새와 땅에 움직이는 모든 생물을 다스리라 하시니라(창 1:28)"

1) 위의 글을 읽고 신적 자아상이 무엇인지 요약해보자. 그리고 당신은 자기 자신을 어떻게 보고 있었는지 나누어보자.

2) 하나님께서 말씀하시는 나에 대한 일곱 가지 진리를 반복해서 읽고 외우자. 그리고 가족과 교회 내의 지체들에게도 선포해주라.

① 나는 하나님의 자녀이며, 내 유업은 그분으로부터 온다.
"영접하는 자 곧 그 이름을 믿는 자들에게는 하나님의 자녀가 되는 권세를 주셨으니(요 1:12)"

② 나는 하나님이 명하신 특별한 목적을 갖고 있다.
"우리는 그가 만드신 바라 그리스도 예수 안에서 선한 일을 위하여 지으심을 받은 자니 이 일은 하나님이 전에 예비하사 우리로 그 가운데서 행하게 하려 하심이니라(엡 2:10)"

③ 나는 특정한 부르심을 받고 창조되었다.
"각각 하나님께 받은 자기의 은사가 있으니(고전 7:7)"

④ 나는 절대 혼자가 아니다.
"내가 세상 끝날까지 너희와 항상 함께 있으리라 하시니라(마 28:20)"

⑤ 나는 하나님께 기억되고 있다.
"하나님이 그 미리 아신 자기 백성을 버리지 아니하셨나니(롬 11:2)"

⑥ 나는 사랑 받는 존재다.
"아버지께서 나를 사랑하신 것 같이 나도 너희를 사랑하였으니 나의 사랑 안에 거하라(요 15:9)"

⑦ 나는 승리자다.
"이 모든 일에 우리를 사랑하시는 이로 말미암아 우리가 넉넉히 이기느니라(롬 8:37)"

3) 위의 일곱 가지 진리 중에서 제일 마음에 와 닿은 문장은 무엇이며, 받아들이기 힘든 문장이 있다면 왜 그런지도 나누어보자.

4) 에베소서 2장 10절 말씀에 대한 생각이나 느낌을 나누어보자. 당신은 그리스도 예수 안에서 하나님의 작품이며 하나님의 선한 일을 위하여 지음 받았다는 말씀이 믿어지 며 자신에 대한 기대가 생기는가?

■■■ 마치며…

1. 3과를 공부하면서 배우고 깨달은 점과 느낀 점은 무엇인가?

2. 3과를 통해 새롭게 결심한 것이 있으면 무엇인가?

금주의 과제

1. 성경읽기: 마태복음 21-28장, 창세기 31-50장

2. 독서보고: 헨리 나웬, 『영적 발돋움』, 1부 읽고 독후감 쓰기

3. 성경암송: A5(딤후 3:16), A6(수 1:8)

4과 하나님과의 교제

| 목 표 |

그리스도를 닮아가는 삶을 살기 위해 하나님과 교제하는 법을 알고 적용해 본다.

| 주제 말씀 |

내가 여호와를 항상 내 앞에 모심이여 그가 나의 오른쪽에 계시므로 내가 흔들리지 아니하리로다. 이러므로 나의 마음이 기쁘고 나의 영도 즐거워하며 내 육체도 안전히 살리니(시 16:8-9)

1. 하나님과의 교제가 끊어졌을 때

현대 과학과 기술의 진보로 말미암아 물질적인 풍요는 점점 더 많아지고 편의성은 더 커지고 있다. 그러나 현대의 사회 분위기는 냉랭하고 딱딱하며 무의미하고 불안과 초조감은 더 커지고 있다. 의학의 발달로 많은 질병은 치료되고 있지만, 사람들은 이전보다 더 많은 정신 질환과 피로감, 그리고 권태감 등으로 괴로워하고 있다.

현대인의 이러한 문제는 무엇 때문일까? 그것은 사람이 하나님을 떠났기 때문이다. 사람이 인생의 근본이신 하나님을 떠나게 되면 살아있는 것 같으나 살아있는 것이 아니다. 하나님과의 교제가 단절된 인생은 외로움, 소외, 불안, 공포가 찾아오기 마련이다.

그러나 우리가 하나님을 매일 새롭게 만난다면 마치 나무에서 진액을 공급받아 그 잎이 푸르고 열매를 맺는 것과 같은 축복을 누리게 될 것이다. 힘의 원천이신 하나님과 만나기 위해 매일 말씀을 묵상하며 사는 성도에게 쉼과 안식이 찾아온다. 하나님과의 인격적인 교제는 힘이 넘치면서도 부드럽고 안정적인 삶을 살아가도록 만들어 줄 것이다.

하나님과 진정한 교제를 누리려면 훈련이라는 고달픈 기간이 필요하다. 훈련을 통해서 날마다 그리스도 안에서 새롭게 변화되어 가는 나를 발견할 수 있다. 이제 하나님과 어떻게 인격적인 교제를 이루어 갈 수 있는지 배우고, 그것을 삶에서 실천해보자.

1) 위의 내용을 요약해보고 얻은 깨달음이 무엇인지 나누어보자.

2) 당신은 평소에 하나님과의 교제가 어떠했는가? 서로 나누어보자.

3) 다음 말씀에서 하나님과 교제한다는 의미가 무엇인지, 그리고 그 유익이 무엇인지 찾아보고 얻은 깨달음도 나누어보자.

⊕ 히브리서 4:16

⊕ 이사야 40:31

⊕ 시편 16:8-9

4) 마가복음 1장 34-37절에서 예수님께서 세상에 계실 동안 하나님과 어떻게 교제하셨는지 찾아보고 예수님의 모습을 보면서 깨달아지는 것은 무엇인지 나누어보자.

2. Q.T.를 통한 하나님과의 교제

경건의 시간(Q.T.)이란 영적인 양식으로 하나님의 말씀을 먹거나 하나님을 인격적으로 경험하며 그 안에서 푹 잠겨 휴식하는 시간이다. 육체가 영양분을 얻기 위해 음식을 먹는 시간이 매일 필요하듯이 영적 영양분을 얻기 위해 영적인 음식을 먹는 시간도 필요하다.

그러면 영적 양식인 말씀을 먹는 방법은 무엇인가? 그것은 온 마음과 정신을 집중하여 말씀이 말하고자 하는 것이 무엇인지 알기 위해 전인적으로 읽는 것이다. 말씀을 읽으면서 내면 깊은 곳에서 하나님을 바라보면서 마음의 기도를 통하여 말씀을 본다.

"태초에 말씀이 계시니라 이 말씀이 하나님과 함께 계셨으니 이 말씀은 곧 하나님이시니라(요 1:1)"

"아! 태초에 말씀이 계셨구나. 그런데 이 말씀이 하나님과 함께 계셨으며, 이 말씀이 곧 하나님이시라네. 아! 성부, 성자, 성령하나님께서 삼위일체로 계시다고 하시는데 그것을 말하나 보다. 그런데 여전히 이해하기 어려운 신비로운 말씀이다. 주님, 제가 연약한 죄인이요 지식의 한계가 있지만 이 말씀을 깨닫고 알 수 있게 되기를 소원합니다. 주여 저에게 지혜의 영을 부어주사 이 말씀을 온전히 깨닫게 하여 주옵소서"

이렇게 온 인격을 다 열어 하나님을 흡수하며 하나님께 나를 내어드리는 것이 경건의 시간을 통한 하나님과의 만남이다. 말씀을 먹을 때에는 어떤 문장을 지어내거나 기도를 창작할 필요가 없다. 다만 말씀을 먹을 뿐이다. 읽는 그대로, 말씀을 가지고 기도하다 보면 마침내 온 성경이 기도의 책이라는 것을 알게 될 것이다. 주님 앞에서 삼십 분 동안 이런 방법으로 말씀 먹기를 계속한다면, 빛과 수분과 양분과 신선함과 강함과 만족을 얻을 수 있게 될 것이다.

비록 말씀을 이해하지 못하더라도 하나님의 말씀에는 하나님의 성분이 들어 있으므로 말씀을 읽고 묵상하다보면 영적으로 자라나게 되어있다. 성경을 단지 배우려고만 하면 안 된다. 성경은 생명의 책이지 지식의 책이 아니다. 하나님의 말씀은 산 영의 거룩한 실체화요, 또한 생명이다. 성경을 묵상하는 올바른 방법은 우리 영을 훈련해서 하나님의 말씀을 먹고 순종하려 하는 것이다.

위대한 많은 성도가 이러한 방법을 통해 삶이 완전히 변화되었다. 닷새 동안만 시도해 보더라도 당신은 변화될 것이다. 처음에는 하나님의 영이 마음에 임재해도 그 느낌이 작기 때문에 경험으로 느끼지 못할 수 있다. 그러나 계속 훈련해 나간다면 당신은 살아있는 영을 느끼게 될 것이다.

1) 위의 내용을 요약해보고 얻은 깨달음이 무엇인지 나누어보자.

2) 당신이 살아 있고 활력이 있는 말씀의 능력을 자주 체험하지 못했다면 그 이유는 무엇인가?

3) 시편 119편 97-102절의 말씀을 적어보고 하나님의 말씀을 가지고 교제하는 자가 지켜야 할 올바른 태도와 축복이 무엇인지 찾아보자. 그리고 앞으로 어떻게 하면 좋을지 생각을 나누어보자.

3. 기도를 통한 하나님과의 교제

요한복음 15장 7절에서는 "너희가 내 안에 거하고 내 말이 너희 안에 거하면 무엇이든지 원하는 대로 구하라 그리하면 이루리라"고 말씀하고 있다. 이것은 기도의 본질이 하나님의 뜻 안에서 이루어져야함을 알려주고 있다. 기도는 위대하신 하나님을 삶의 구석구석에서 느낄 수 있도록 해주는 통로다.

기도를 성도의 호흡이라고 한 비유는 기도의 절실함을 잘 표현하는 말이다. 숨을 쉬지 아니하면 살 수 없듯이 기도하지 아니하면 영적 생명을 유지할 수 없다. 또한 기도는 하나님과 만나 교제하는 가장 좋은 방법이기에 우리는 기도해야 한다.

우리는 유한한 피조물이기에 기도를 통해서 하나님의 능력을 덧입어야만 하나님의 뜻을 실현할 수 있다. 기도에 의해 그리스도의 모든 풍성함이 우리 안에 들어오고, 우리 안에서 역사하는 것이다. 역사하는 힘은 말씀으로 말미암은 기도에 의해서만 이루어진다.

우리는 기도에 의해 양육되고, 기도에 의해 그리스도로 적셔지고 성령으로 충만하게 될 것이다. 기도란 내 생각을 넘어 살아계신 하나님을 의식하며 그분 앞에 중심의 생각과 마음을 진솔하게 토하는 것이다. 이때 하나님과 깊은 만남을 갖게 된다. 기도를 통해 하나님을 뵙는 것이 능력의 보고를 경험하는 것이다. 하나님께서는 전능하신 분이시기에 그 분을 만나면 능력의 하나님의 영이 나에게로 흘러 들어온다.

(기도에 대해서는 6과에서 좀 더 자세히 살펴볼 것이다.)

1) 위의 내용을 요약해보고 얻은 깨달음이 무엇인지 나누어보자.

2) 기도는 하나님과 교제하는 가장 중요한 방법이다. 어떻게 기도하는 것이 참된 교제가 될지 다음 말씀을 보며 그 방법을 찾아보자.

🔘 시편 62:8

🔘 마태복음 6:6

3) 요한1서 1장 6, 9절에서 하나님과의 교제를 방해하는 것은 무엇이며, 그것을 해결하기 위한 방법은 무엇인지 생각해보자.

⠶ 마치며…

1. 4과를 공부하면서 배우고 깨달은 점과 느낀 점은 무엇인가?

2. 4과를 통해 새롭게 결심한 것이 있으면 무엇인가?

금주의 과제

1. 성경읽기: 마가복음 1-10장, 출애굽기 1-15장

2. 성경암송: A7(요 15:7), A8(빌 4:6-7)

3. 독서과제: 헨리 나웬, 『영적 발돋움』, 2부 읽고 독후감 쓰기

4. 이번 주부터 큐티(Q.T.) 시작

5과 말씀이신 그리스도

> **| 목 표 |**
> 하나님의 말씀인 성경이 기록된 목적을 분명히 이해하고 날마다 말씀과 가까이 하는 삶을 살도록 한다.
>
> **| 주제 말씀 |**
> 이스라엘아 들으라 우리 하나님 여호와는 오직 유일한 여호와이시니 너는 마음을 다하고 뜻을 다하고 힘을 다하여 네 하나님 여호와를 사랑하라 오늘 내가 네게 명하는 이 말씀을 너는 마음에 새기고(신 6:4-6)

1. 하나님이신 말씀

성경에는 하나님에 대한 묘사가 여러 모양으로 언급된다. "전능하시다, 거룩하시다, 사랑이시다, 영원하시다." 등 여러 표현들이 있다. 그런데 사도 요한은 하나님께 대한 묘사를 '말씀'이라고 소개한다.

"태초에 말씀이 계시니라 이 말씀이 하나님과 함께 계셨으니 이 말씀은 곧 하나님이시니라(요 1:1)"

말은 뜻을 설명하거나 개념을 전달하기 위해 사용하는 것이다. 하나님을 모르는 어둠 속의 사람들에게 하나님은 말씀으로 자신을 알려주고 싶어 하셨다. 그래서 삼위 하나님 중 예수님이 이 땅에 오셔서 자신의 말과 삶과 사역을 통하여 성부 하나님을 나타내셨다(요 1:18). 그렇기에 예수님을 말씀이라는 단어로 묘사하신 것이다.

"예수께서 이르시되 내가 곧 길이요 진리요 생명이니 나로 말미암지 않고는 아버지께로 올 자가 없느니라 너희가 나를 알았더라면 내 아버지도 알았으리로다 이제부터는 너희가 그를 알았고 또 보았느니라(요 14:6-7)"

예수님께서 "나를 본 자는 아버지를 보았다"고 말씀하신 것은 예수님이야말로 하나님을 우리에게 알려주고 설명하는데 최고의 방법이라는 것을 의미한다. 예수님이 하신 말씀, 사건 등 모든 것은 하나님을 우리에게 이해시키도록 하기 위한 것이다. 이렇게 예수님의 말씀과 생애는 하나님에 대한 설명이요, 그의 말씀, 사건, 행위 등 모든 것이 다 하나님을 알려주시는 것이다. 그래서 예수님은 나를 본 자는 아버지를 보았다고 말씀하고 계신 것이다.

"나를 본 자는 아버지를 보았거늘 어찌하여 아버지를 보이라 하느냐 내가 아버지 안에 거하고 아버지는 내 안에 계신 것을 네가 믿지 아니하느냐 내가 너희에게 이르는 말은 스스로 하는 것이 아니라 아버지께서 내 안에 계셔서 그의 일을 하시는 것이라(요 14:8-10)"

예수님의 언행을 통해서 우리는 살아계신 하나님을 알 수 있는 것이다. 성경이 기록된 의도는 우리가 예수님을 알고, 예수님으로 인해 하나님을 알며 만나도록 하는 것이다.

그런데 주님은 모든 그리스도인들에게 "아버지께서 나를 세상에 보내신 것 같이 나도 그들을 세상에 보내었고(요 17:18)"라고 말씀하신다. 이것은 하나님이 예수님을 보내신 것과 같이, 우리에게 그런 자격과 책임을 주셨다는 뜻이다. 성부께서 성자 하나님이신 예수 그리스도를 이 땅에 보내셔서 하나님 자신의 긍휼과 사랑과 열정, 그리고 그의 원하시는 일들을 수행하기 위해 예수님을 보내신 것 같이 우리를 보내신다는 것이다.

그래서 성도는 이 세상에서 하나님에 대한 살아 있는 말씀이 된다. 내 말뿐 아니라 내 판단, 내 행위, 내 모양이 그대로 세상 속에서 하나님을 설명하는 것이 된다. 말씀이 인격체가 되어 우리에게 하나님을 보여주셨듯이, 우리도 우리의 삶을 통해 하나님을 나타내야 하는 사명을 가지고 있다. 이런 면에서 성도의 삶은 때때로 힘겹게 느껴지지만 그리스도인 자체가 세상의 빛이기에 빛의 역할을 감당해야 한다.

1) 위의 내용을 요약해보고 얻은 깨달음이 무엇인지 나누어보자.

2) 하나님의 말씀은 살아있고, 영원한 진리라는 사실을 어떻게 알 수 있을까? 다음의 말씀 속에서 한 가지씩 찾아보자.

🌐 요한복음 6:68

🌐 베드로전서 1:23

🌐 사무엘하 7:28

3) 하나님께서 성경을 주신 첫 번째 목적이 무엇인지 요한복음 20장 30-31절에서 찾아보자.

4) 하나님께서 성경을 주신 두 번째 목적이 무엇인지 디모데후서 3장 16-17절에서 찾아보자.

2. 성경에 대한 우리의 태도

우리는 하나님과 인간의 관계를 아는데 있어서 성경만이 절대적 지침이 된다는 사실을 분명히 인식해야 한다. 살아계신 하나님께서는 말씀을 통해서 과거 세대의 사람들에게 말씀하신 것처럼 오늘 우리들에게도 친히 말씀하신다. 우리가 성경에 대한 전적인 신뢰를 가지기 위해서는 상대적 윤리와 불확실성의 철학이 지배하고 있는 현대주의적 사상으로부터 우리를 해방시켜야 한다.

과학이 성경과 모순된다고 느껴질 때 우리는 이 과학의 원리도 하나님께서 창조하셨다는 것을 겸손히 받아들여야 한다. 인간의 지식으로는 하나님의 지식을 다 이해할 수 없기 때문이다. 유한한 인간이, 피조물인 인간이 어찌 무한하시며 창조주 되시는 하나님의 뜻을 다 알 수 있으랴?
현대사상은 인간을 하나님의 자리에 올려놓는 죄를 범하고 있다. 인간의 이성은 신이 될 수 없다. 우리는 알게 모르게 자신의 편리함과 세상적인 유혹 그리고 유익이란 관점으로 말씀을 떠나는 경우가 너무나 많다. 그래서 우리는 날마다 회개해야 한다. 가난한 마음으로 성경을 바라보며 영혼의 양식이 될 살아계신 하나님의 말씀을 가까이 하려는 자세가 필요하다.

1) 위의 내용을 요약해보고 얻은 깨달음이 무엇인지 나누어보자.

2) 히브리서 4장 12-13절에서 말씀의 실제적인 능력을 어떻게 설명하고 있는가?

3) 하나님은 우리가 성경을 살아있는 말씀으로 체험하도록 하기 위해 길을 마련해 주셨다. 다음의 말씀에서 그 길을 한 가지씩 찾아보자.

⊕   디모데전서 5:17

⊕   누가복음 24:27, 32

3. 말씀 암송의 위력

언젠가 어느 목사님이 자신의 스승이셨던 노(老)교수님에 대한 이야기를 들려주었다.

목사님의 신학교 스승이었던 교수님이 교통사고로 병원에 입원하셔서 동료들과 함께 존경하는 그 교수님을 방문하였다.

의사는 "심한 뇌진탕으로 인한 의식불명과 깊은 혼수상태로 알 수 없는 헛소리를 계속한다. 살 수 있을지 장담할 수 없다."는 절망적인 진단을 하였다. 목사님과 동료들은 '학교에서 가장 존경하던 한 분의 스승이 하나님의 부르심을 받는구나!' 하는 아쉬움과 슬픔으로 눈물을 글썽이며 함께 기도하였다.

그리고 스승을 위해 기도하고 나가는데 스승의 입에서 알 수 없는 중얼거림이 들려왔다. 목사님은 그 소리를 듣고 싶은 충동에 자기의 귀를 그분의 입에 대어 보았더니 놀랍게도 그 교수님은 혼수상태 가운데서도 무의식적으로 쉐마를 히브리어로 외우고 계셨다.

"이스라엘아 들으라 우리 하나님 여호와는 오직 유일한 여호와이시니 너는 마음을 다하고 뜻을 다하고 힘을 다하여 네 하나님 여호와를 사랑하라 오늘 내가 네게 명하는 이 말씀을 너는 마음에 새기고(신 6:4-6)"

그 순간 목사님은 수 만 볼트의 전류에 감전된 것과 같은 전율과 충격, 말로 표현할 수 없는 감동과 가슴 벅참, 목멤을 느꼈다고 고백했다. 그것은 교수님의 심령에 하나님을 찾는 갈망이 있었기 때문이다.

이것이야말로 하나님에 대한 사랑과 헌신, 말씀에 대한 사모함이 어떤 것인지 보여주는 것이다. 교수님의 경건한 삶과 하나님에 대한 사랑과 열정이 말씀암송에서 나온 것임을 확인 할 수 있었다.

말씀 암송은 사람의 무의식을 지배하는 힘이 있으며 인간 전인을 새롭게 하는 능력의 보고다. 우리 함께 하나님의 거룩한 말씀을 우리 마음에 담아 사는 '살아있는 성경(Walking Bible)'이 되어 보자.

1) 위의 내용을 요약해보고 얻은 깨달음이 무엇인지 나누어보자.

2) 다음 말씀에서 말씀 암송의 정의를 적어보자.

⚫ 신명기 6:6

⚫ 고린도후서 3:3

3) 말씀 암송이 그리스도인들에게 왜 필요한지 다음 말씀에서 찾아보자.

🌐 시편 37:31

🌐 신명기 30:14

4. 균형 잡힌 말씀 생활을 위하여

사람은 24시간이 지나고 나면 들은 것은 5%, 읽은 것은 15%, 공부한 것은 35%, 암송한 것은 100% 기억한다고 한다. 그러므로 균형 있는 말씀 생활을 하려면 성경을 듣고, 읽고, 공부하고, 암송하고 말씀을 묵상해야 한다. 이 다섯 가지의 말씀 생활 방법은 그리스도를 닮아 가는데 실질적인 도움을 줄 것이다.

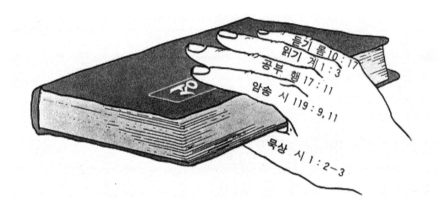

1) 아래의 성경 구절을 보고 균형 잡힌 말씀 생활이 어떠해야 하는지 살펴보자.

⊕ 말씀 듣기(롬 10:17)

⊕ 말씀 읽기(계 1:3)

💠 말씀 공부(행 17:11)

💠 말씀 암송(시 119:9, 11)

💠 말씀 묵상(시 1:2-3)

2) 균형 잡힌 말씀 생활의 다섯 가지 내용을 보면서 당신에게 보완해야 할 부분은 무엇
   이며 앞으로 어떻게 노력을 하겠는지 구체적인 계획을 세워보자.

말씀 암송에 대한 도움말

❖ 계획을 세워서 외우라.
계획이 없으면 무작정, 기분 내키는 대로 외우므로 오래 지속
되기 어렵다. 한 주에 외울 절수를 정하는 것이 좋다.
(예: 1주/2절씩)

❖ 주제를 암송하라.
요절의 주제는 가방의 끈과 같다. 주제는 요절의 이해를 도와
주고 필요할 때 암송한 성구를 찾는데 도움을 준다.

❖ 장, 절을 암송하라.
암송의 목적은 단순히 외우는데 있는 것이 아니라 삶에 힘을
발휘하도록 하기 위함이다.

❖ 완전하게 외우라.
틀리게 암송하게 되면 다시 고치기가 어렵고, 성경의 뜻을 왜
곡하여 이해하기 쉽다.

❖ 계획에 따라, 정기적으로 성실함을 유지하라.
정기적으로 성실하게 암송을 하지 않으면 나중에 암송이 더
어려워진다.

5. 말씀 관련 예화

∷ 빈 병 예화

빈 병에 술이 들어 있으면 술병이 되고, 기름이 들어 있으면 기름병이 된다. 술병을 부으면 술이 나오고, 기름병을 부으면 기름이 나온다. 술을 버리고 물을 채우면 물병이 되고, 기름을 버리고 포도주를 채우면 포도주 병이 된다. 이와 같이 내용물을 바꾸어 주면 다른 내용의 병이 된다. 이처럼 우리 인간의 마음속에 더러운 것을 채우면 더러운 이야기가 나오고, 하나님의 말씀으로 채우면 우리 입에서 하나님의 말씀이 나온다. 사람은 그 마음에 가득한 것을 입으로 말하는 것이다(눅 6:45).

∷ 빙산 예화

빙산은 약 10%가 물 밖으로 드러나고 나머지 약 90%가 물속에 잠겨 있다. 사람의 의식과 무의식도 이와 비슷하다. 의사전달도 약 10%의 의식과 90%의 무의식으로 교류된다. 사람됨의 가치도 무의식에 어떠한 것이 담겨 있느냐에 달려 있기 때문에 그의 자아 중심(무의식)을 바꾸지 않는 한 사람은 달라지지 않는다. 그러므로 이 무의식 속에 하나님의 말씀을 채워 우리의 중심으로부터 치유가 일어나게 해야 한다. 이때 우리의 깨어진 마음과 상처받은 마음이 하나님의 은혜와 사랑을 느끼게 되며 마음에서부터 자신의 존재에 대한 새로운 의식이 생긴다. 변화된 시각으로 자기를 보며 하나님과 영혼을 바라보는 것이 바로 인격 변화의 시작이다. 이를 위해 묵상을 통한 말씀 암송은 필수적이다.

∷ 총알 예화

암송은 총에 탄환을 장전하는 것과 같다. 사탄은 하나님의 말씀으로 예수님을 시험했지만 예수님께서는 말씀으로 사탄을 대응하여 시험을 이기셨다. 예수님과 사탄의 싸움을 통해서 말씀을 정확하게 많이 아는 것이 신앙생활에 절대적으로 필요함을 알 수 있다. 말씀의 총알을 많이 장전하고 있으면 어떠한 상황에서도 적절한 총알로 대적하여 싸워 이길 수 있다. 우리는 영적 싸움에서 이겨야 한다. 따라서 싸움에 필요한 하나님의 말씀을 많이 간직하고 있어야 한다. 이것이 말씀 암송의 위력이다.

1) 위의 예화에 대한 느낌과 깨달음을 정리해보자. 그리고 삶 속에서 얼마나 말씀 중심으로 살아가고 있는지 반성해보자.

⠙ 마치며…

1. 내 인생에서 간절히 원하는 것이 무엇인가?

2. 감명깊게 읽은 책이나 영화는 무엇인가? 왜 그것이 감명깊었는지 자신의 마음을 살펴 보자.

3. 5과를 공부하면서 배우고 깨달은 점과 느낀 점은 무엇인가?

금주의 과제

1. 성경읽기: 마가복음 11-16장, 출애굽기 16-30장

2. 성경암송: A9(마 18:20), A10(히 10:24-25)

3. 독서보고: 헨리 나웬, 『영적 발돋움』, 3부 읽고 독후감 쓰기

4. 큐티(Q.T.) 실시 및 적용 나누기

6과 기도하는 그리스도인

> **| 목 표 |**
> 기도에 대해 배우고 기도의 모범이신 예수님의 기도를 본받아 기도하는 그리스도인의 삶을 살도록 한다.
>
> **| 주제 말씀 |**
> 그 날에는 너희가 아무 것도 내게 묻지 아니하리라 내가 진실로 진실로 너희에게 이르노니 너희가 무엇이든지 아버지께 구하는 것을 내 이름으로 주시리라(요 16:23)

1. 기도란 무엇인가?

기도는 존귀하신 하나님께 나아가는 것이다. 기도는 하나님의 자녀에게 주어지는 특권 중에 가장 놀라운 특권이다. 존귀하시고 영화로우시며 전능하신 하나님, 그 하나님 앞에 나아갈 수 있다는 것이 얼마나 놀라운 일인가? 그리스도인은 기도를 통해 하나님 아버지 앞에 자녀의 특권을 가지고 담대하게 나아갈 수 있다. 기도는 예수 그리스도의 공로에 의해 그것을 믿는 자에게 주어진 것이므로 기도는 예수를 구주로 고백한 자들만이 할 수 있는 것이다.

기도는 하나님의 보좌 앞에 내 마음을 토하는 것이다. 기도를 하다 보면 하나님께서 여러 가지 어려움과 위기를 해결해 주실 뿐 아니라 아주 작고 사소한 일까지도 응답해 주신다는 사실을 발견하게 된다.

"너희가 내 이름으로 무엇을 구하든지 내가 행하리니 이는 아버지로 하여금 아들로 말미암아 영광을 받으시게 하려 함이라 내 이름으로 무엇이든지 내게 구하면 내가 행하리라(요 14:13-14)"

기도하면 하나님께서는 그것을 들으시고 시행해 주신다고 약속하셨다. 실제 삶에서 기도 응답을 받는 경험은 놀라운 일이다. 하나님께 기도하면 기도하는 그 순간 하나님은 우리의 마음, 우리의 생각, 우리의 중심에 좌정하신다. 그리고 내가 원하는 바로 그것에 임재하셔서 하나님의 뜻 가운데에서 이루어 주신다.

나의 경우, 병들거나 나약한 성도들을 위해 긴급하게 기도했던 때가 많다. 그때마다 하나님께서는 기도에 응답해 주셨다. 또한 설교를 하다가 성도들과 영적 교통이 느껴지지 않을 때 은혜를 주시기를, 고난당한 성도들의 문제가 속히 해결되기를, 급히 택시를 탈 때 빨리 차를 보내주시기를, 공부를 하거나 홀로 길을 걸어갈 때 하나님께 묻기도 하고 그분의 지혜를 구하기도 한다. 내가 이렇게 기도할 때마다 특별한 경우를 제외하고는 하나님은 과분하게도 나의 요청을 늘 들어주신다.

사실 많은 경우 우리는 하나님의 부재를 경험할 때가 많다. 그러나 그 때에도 하나님은 우리로부터 떠나 계신 것이 아니라 내 안에 계신다. 하나님께서는 우리와 항상 함께 하시지만 우리가 자발적으로 마음의 성소를 열어 그분께 나아갈 때 더 많이 만나주신다. 우리가 나아가지 아니하면 우리는 하나님의 부재를 경험할 수밖에 없다. 하나님은 매순간, 어느 곳에서나 우리가 하나님을 겸손히 그리고 능동적으로 찾기를 원하신다.

1) 위의 내용을 보고 기도가 무엇인지 요약해보고, 얻은 깨달음을 나누어보자.

2) 다음 성경구절을 보고 기도란 무엇인지 정리해보자.

- 시편 54:2

- 열왕기상 8:49

3) 다음 말씀은 기도의 태도에 대해 무엇을 가르치고 있는가?

- 골로새서 4:2

- 빌립보서 4:6

2. 기도에 영향을 미치는 요소

기도는 신앙의 성숙과 연륜, 그리고 그 사람이 부모님과의 관계가 어떠했느냐에 따라 영향을 받는다.

나의 경우를 소개하고자 한다. 내가 능력의 보고이신 하나님을 좀 더 많이 인식하기까지는 예수님을 알고 난 뒤 10여년의 세월이 지나서였다. 나의 어린 시절을 돌이켜보면 사람들에게 무엇을 구해서 받아본 경험이 거의 없었다. 부모님은 삶이 너무 분주하셔서 나를 돌보아 주시거나 내 말을 들어줄 여유도, 능력도 없었다. 나는 사랑과 돌봄이 필요했고 누군가 나를 이끌어주고 지지해 주기를 원했는데 아무도 나의 바람을 채워주지 않았다. 나는 언제나 나의 필요를 스스로 해결해야 했기에 그 이후 성인이 되어서까지 누군가에게 도움을 구하는 것이 익숙하지가 않았다. 그래서 나는 '구한다'는 것 자체를 잊어버렸고 누군가가 내 필요를 채워줄 것이라는 사실을 믿지 않았다.

그런데 어느 날 하나님을 만났고 나를 향한 그분의 지고한 사랑과 숭고한 헌신에 대해 알게 되었다. 하나님을 만남으로써 나는 그동안 가지고 있었던 인생의 모든 문제가 다 해결되는 것을 느꼈다. 나는 온전한 자유를 경험하였다. 그야말로 인생의 굴레에서 해방되는 진정한 해방이 내게 있었다. 그분은 능력이시며 능력의 원천이시고 능력의 보고시기에 그분을 만남으로써 새 삶을 경험한 것이다.

하지만 나는 하나님 앞에서 너무 수줍은 소년처럼 그분 앞에 우두커니 서서 내 마음을 표현하지 못하고 송구스러워 하기만 했다. 그리고 하나님을 귀찮게 하거나 누를 끼치지 말아야겠다고 다짐을 계속 했다. 그러나 이것은 하나님을 온전히 신뢰하지 못하는 태도임을 알게 되었다. 이러한 깨달음이 일어난 후 나는 하나님을 향해 태도를 바꾸었다. 하나님이 내 인생의 주인이기에 나의 모든 것을 주님께 아뢰기 시작했다. 그러자 내 마음에 기쁨이 가득 차며 내 문제에 응답하시는 하나님을 경험하게 되었다.

나를 나보다 더 사랑하시는 하나님, 나를 나보다 더 귀히 여기시는 하나님, 하나님은 내 인생에 축복을 주고 싶어하셨고 매순간 나를 만나 교제하고 싶어하심을 경험하게 되었다. 기도는 하나님을 만날 수 있는 가장 귀한 길이다. 기도를 통해 우리는 성령님 안에서 하나님의 깊은 것까지 통달할 수 있게 되며(고전 2:10) 하나님을 아는 지식이 더욱 더 깊어지는 놀라운 경험을 하게 될 것이다.

"깊도다 하나님의 지혜와 지식의 풍성함이여, 그의 판단은 헤아리지 못할 것이며 그의 길은 찾지 못할 것이로다(롬 11:33)"

오늘날 세상을 움직이는 위대한 그리스도인들은 한결같이 기도하는 사람들이다. 그들은 기도에 대하여 말하거나 설명하고 있는 사람이 아니라 시간을 내어 기도하는 사람들이다. 그들은 기도만큼 중요하고 긴급한 일은 없다고 확신하는 사람들이다. 이들이 세계 역사를 움직인다. 당신은 하나님의 위대함을 기도로 경험하며 살아가는가? 당신은 기도에 대한 이런 확신이 있는가?

1) 저자의 경험을 보면서 당신에게 부모님과의 관계, 신앙의 성숙 정도가 기도에 어떤 영향을 미치고 있는지 살펴보자.

2) 마태복음 6장 9-13절을 통해 예수님이 가르쳐주신 기도가 어떠한지 살펴보자

⊕ 마태복음 6:9-13

⊕ 주기도문의 순서는 어떻게 구성되어 있나?

⊕ 주기도문에서 최우선을 두어야 할 내용을 3가지로 정리해보자.

⊕ 기도자 자신을 위해 구할 수 있는 4가지 제목에 대해서 살펴보자.

3. 성령님의 인도를 받는 기도

"어떻게 기도해야 성령님의 인도를 받을 수 있습니까? 성령님의 인도를 받는 기도는 어떻게 이루어집니까?"

기도에 대해서 많은 사람들이 이런 질문을 한다. 이에 대한 가장 좋은 대답 중의 하나는 구체적으로 성령님의 인도를 받는 사람과 함께 기도하는 것이다. 성령님의 인도를 느끼며 살고 성령님 안에서 깊은 기도를 하는 사람들과 함께 기도를 하다보면 그들이 체험하는 하나님의 역사를 함께 체험할 수 있게 된다.

기도는 실재기 때문에 기도만 하는 것으로 그쳐서는 안 되고 기도 응답의 역사를 체험하는 것이 그 무엇보다 중요하기에 성령 안에서 기도를 하며 기도 응답을 체험하는 사람들과 함께하는 기도는 그 무엇보다 강력한 힘이 있다. 성령을 통해서 주님이 이끄시는 대로 기도한다는 것은 너무나 흥미롭고 가슴 벅찬 사역이다.

또한 기도를 드릴 때 가장 먼저 해야 할 일은 나의 죄에 대해 회개하는 것이다. 온전한 기도를 드리기 위해서는 성령님이 깨닫게 하는 죄를 구체적으로 고백해야 하며 용서하심을 받아들여야 한다.

그리고 하나님을 신뢰하고 말씀에 순종하는 자세가 필요하다. 사탄은 기도하는 사람을 어떻게든 방해하려 하지만 왕이신 하나님을 온전히 신뢰하는 성도는 사탄의 방해를 물리칠 수 있다.

1) 위의 글을 요약해보고 어떤 깨달음이 있는지 나누어보자.

2) 다음 말씀을 통해 성령님에 의한 기도가 무엇인지 살펴보자.

🌐 고린도전서 14:15

🌐 에베소서 6:18

4. 기도 응답

예수님은 기도 응답에 대해 마태복음 7장 7-11절에 잘 설명해 놓으셨다.

"구하라 그리하면 너희에게 주실 것이요 찾으라 그리하면 찾아낼 것이요 문을 두드리라 그리하면 너희에게 열릴 것이니 구하는 이마다 받을 것이요 찾는 이는 찾아낼 것이요. 두드리는 이에게는 열릴 것이니라 너희 중에 누가 아들이 떡을 달라 하는데 돌을 주며 생선을 달라 하는데 뱀을 줄 사람이 있겠느냐 너희가 악한 자라도 좋은 것으로 자식에게 줄 줄 알거든 하물며 하늘에 계신 너희 아버지께서 구하는 자에게 좋은 것으로 주시지 않겠느냐(마 7:7-11)"

기도 응답을 확신시켜 주려고 같은 의미의 말씀을 여러 번 바꾸어 가면서 어떻게 다짐하고 있는지를 주의해서 살펴보라. 9-11절에서 하나님이 자신을 거짓투성이인 세상의 아버지와 비교하면서까지 기도 응답을 약속하고 있는 것을 볼 때 얼마나 응답을 해주고 싶어 하시는지 알 수 있다.

하나님 아버지께서는 사랑하는 자녀의 기도에 응답해주고 싶어 하시며 그것을 기뻐하는 분이시다. 그러므로 우리가 기도해 놓고 하나님의 약속을 믿지 못하면 하나님의 인자하심과 성실하심에 대한 의심이며 하나님의 인격에 대한 모독일 수도 있다. 기도에 대하여 하나님께서 이처럼 철저히 약속하시는데도 기도하고 싶은 충동이 없다면 우리에게 어떤 문제가 있는지 주의를 집중하여 생각해 보아야 한다.

1) 위의 글을 요약해보고 어떤 깨달음이 있는지 나누어보자.

2) 에베소서 3장 20절에서 하나님께서 우리에게 어느 정도까지 응답해 주신다고 약속하고 있는지 살펴보자.

3) 아래 말씀을 통해서 기도 응답의 방해가 무엇인지 살펴보자.

⊕ 마태복음 6:14-15

⊕ 야고보서 4:3

⊕ 마가복음 11:24

4) 출애굽기 33장 12-14절에서 모세의 태도를 보고, 기도 응답을 받기 위해 필요한 태도가 무엇인지 찾아보자.

5) 일반적으로 하나님의 응답은 '그래, 안돼, 기다려' 3가지가 있다. 말씀을 통해 그것을 확인해보고 깨달음이 무엇인지 나누어보자.

⚫ 누가복음 18:40-43

⚫ 빌립보서 4:6-7

⏣ 야고보서 4:2-3

6) 요한복음 16장 20-24절에는 사랑하는 자녀에 대한 하나님의 또 다른 기도 응답의
   원리가 있다. 그것이 무엇인가?

ꓗ 마치며…

1. 6과를 공부하면서 배우고 깨달은 점과 느낀 점은 무엇인가?

2. 6과를 통해 새롭게 결심한 것이 있으면 무엇인가?

3. 1권 전체를 마무리하면서 결심과 각오를 다짐해보자.

금주의 과제

1. 성경읽기: 누가복음 1-10장, 출애굽기 31-40장

2. 성경암송: A11(마 4:19), A12(롬 1:16) /A1-12 전체 암송

3. 큐티(Q.T.) 실시 및 적용 나누기

1권 과제 전체 정리표

	예습	성경읽기	독서보고	성경암송	Q.T.
1과	o , x	마태복음 1-10장 창세기 1-15장	『인생을 축제 처럼』, 1-2장	A1(고후 5:17) A2(갈 2:20)	
2과	o , x	마태복음 11-20장 창세기 16-30장	『인생을 축제 처럼』, 3-4장	A3(롬 3:1) A4(요 14:21)	
3과	o , x	마태복음 21-28장 창세기 31-50장	『영적 발돋움』, 1부	A5(딤후 3:16) A6(수 1:8)	
4과	o , x	마가복음 1-10장 출애굽기 1-15장	『영적 발돋움』, 2부	A7(요 15:7) A8(빌 4:6-7)	( )회
5과	o , x	마가복음 11-16장 출애굽기 16-30장	『영적 발돋움』, 3부	A9(마 18:20) A10(히 10:24-25)	( )회
6과	o , x	누가복음 1-10장 출애굽기 31-40장		A11(마 4:19) A12(롬 1:16) A1-12 전체	( )회

* 과제를 다 하지 못한 경우 훈련금(벌금)을 책정하여 훈련금을 목적에 따라 사용할 수도 있다.

추천 도서

헨리 나웬, 『영적 발돋움』

심수명, 『인생을 축제처럼』

심수명, 『사랑하면 행복해집니다』

심수명, 『감사하면 행복해집니다』

심수명, 『성경의 가족이야기』

제랄드 싯처, 『하나님의 침묵』

폴 투르니에, 『죄책감과 은혜』

프란시스 쉐퍼, 『거기 계시는 하나님』

래리 크랩, 『고통 속에서 하나님을 발견하다』

오스왈드 챔버스, 『오스왈드 챔버스의 기도』

토마스 아 캠피스, 『그리스도를 본받아』

랄프 카이퍼, 『성경대로 생각하라』

달라스 밀라드, 『하나님의 임재』

빅터 프랭클, 『죽음의 수용소에서』

 심수명 목사 도서 소개

■■ 새신자용 교재

새로운 시작(도서출판 다세움)

■■ 제자훈련 시리즈 4권(상담목회를 적용한 제자훈련 시리즈)

1권. 제자로의 발돋음(도서출판 다세움)

2권. 믿음의 기초(도서출판 다세움)

3권. 그리스도와의 동행(도서출판 다세움)

4권. 인격적인 제자로의 성장(도서출판 다세움)

전인성숙을 위한 제자훈련 시리즈 인도자 지침서(도서출판 다세움)

■■ 인격신앙훈련 시리즈 4권(성숙한 그리스도인을 만드는 성경공부 시리즈)

1권. 예수님을 본받는 그리스도인(도서출판 다세움)

2권. 하나님은 누구신가(도서출판 다세움)

3권. 그리스도와 동행하는 생활(도서출판 다세움)

4권. 실천적인 신앙생활(도서출판 다세움)

■■ 목회 · 설교

인격목회(도서출판 다세움)

상담목회(도서출판 다세움)

비전과 리더십(도서출판 다세움)

상담적 설교의 이론과 실제(도서출판 다세움)

감사하면 행복해집니다(도서출판 다세움)

사랑하면 행복해집니다(도서출판 다세움)

성경의 가족이야기(도서출판 다세움)

■■ 소그룹 훈련 시리즈(상담목회를 적용한 소그룹 훈련시리즈)

의사소통훈련(도서출판 다세움)

인간관계훈련(도서출판 다세움)

거절감치료(도서출판 다세움)

분노치료(도서출판 다세움)

비전의 사람들(도서출판 다세움)

리더십과 팔로워십(도서출판 다세움)

■■ 결혼·가정 사역

한국적 이마고 부부치료(도서출판 다세움)

부부심리 이해(도서출판 다세움)

행복 결혼학교(도서출판 다세움)

아버지 학교(도서출판 다세움)

어머니 학교(도서출판 다세움)

위대한 부모 위대한 자녀(도서출판 다세움)

■■ 교육·상담훈련

인생을 축제처럼(도서출판 다세움)

인격치료(학지사)

그래도 삶은 소중합니다(도서출판 다세움)

감수성훈련 워크북(도서출판 다세움)

정신역동상담(도서출판 다세움)

집단상담 이론과 실제(도서출판 다세움)

저자 소개

한밀교회를 개척하여 상담목회를 적용하고 있는 저자는 상담전문가이며 신학과 심리학, 상담과 목회현장을 아우르는 학자이며 목회자입니다. 저자는 치유와 훈련, 목회를 마음에 품고 한 영혼의 전인적인 돌봄, 부부관계 회복, 비전있는 자녀 교육, 건강한 교회 세움, 상담전문가 양성 등에 헌신해왔습니다. 또한 제자훈련 시리즈, 목회를 위한 교재와 상담 훈련용 교재들을 저술하였습니다.

"기독교상담적 관점에서 본 정신역동상담"이 문화체육관광부 우수학술도서로 선정되고 [목회와 신학]에서 한국교회 명강사(상담분야)로 선정되는 등 한국교회와 사회에 영향을 끼쳐왔습니다.

학력은 안양대와 총신대(신학), 고려대(석사, 상담심리), 미국 풀러신대(목회상담학 박사), 국제신대에서 상담학박사를 취득하고 상담자격은 (사)한국인격심리치료협회 감독, 한국목회상담협회 감독, 한국복음주의 기독교상담학회 감독상담사, 한국기독교상담 및 심리치료학회 감독, 한국가족상담협회 감독으로 활동 중입니다.

사회 활동은 여성부 정책자문위원으로 활동했으며, 한국기독교 총연합회 가정사역위원회 위촉으로 한기총다세움상담대학원 이사장과 학장을 역임하였으며 교수 경력은 국제신대 상담학교수로 사역했으며, 안양대, 한세대 등 여러 대학에서 외래교수로, 미국풀러신학대학원에서 논문지도교수로 활동했습니다.

현재 칼빈대 상담학 교수, (사)한국인격심리치료협회 협회장, 다세움상담아카데미 이사장, 다세움상담심리연구소 대표로 일하고 있습니다.

이메일

soomyung2@naver.com /soomyung3@daum.net

인격신앙훈련 1권

예수님을 본받는 그리스도인

발 행 | 2019년 9월 25일

저 자 | 심수명

발행인 | 유근준

발행처 | 다세움

주 소 | 서울시 강서구 수명로2길 88

전 화 | 02-2601-7423

팩 스 | 0505-182-5665

홈페이지 | www.daseum.org

총 판 | 비전북

주 소 | 경기도 고양시 일산구 장항동 568-17

팩 스 | 031-905-3927

정 가 | 7,000원

ISBN | 978-89-92750-46-2